ANTOLOGÍA ESENCIAL

PABLO NERUDA

ANTOLOGÍA ESENCIAL

Selección y prólogo de
HERNÁN LOYOLA

EDITORIAL LOSADA, S. A.
BUENOS AIRES

De este libro se imprimieron
cuarenta mil ejemplares
en IMPRENTA DE LOS BUENOS AYRES S. A.
Rondeau 3274, Buenos Aires, Argentina.
Octubre 21 de 1971.

PABLO NERUDA:
ITINERARIO DE UNA POESÍA

Vida y poesía se iluminan recíprocamente en Pablo Neruda. "Si me preguntan qué es mi poesía debo decirles: no sé; pero si le preguntan a mi poesía, ella les dirá quién soy yo." Estas palabras de Neruda —al inicio de un recital en 1943— no buscan definir su obra como una biografía en verso, sino subrayar su origen existencial, su enraizamiento en la circunstancia concreta. La poesía de Neruda nos propone la historia de una conciencia en su enfrentamiento con el mundo. En ello radica su fuerza. Al trasponer a poesía el despliegue de su propia existencia, Neruda ha sido capaz de traducir las existencias de muchos hombres y de recoger la peripecia contemporánea del hombre en América Latina. El alto nivel de universalidad que ostenta la poesía de Neruda sólo puede explicarse como el triunfo de un hombre que ha logrado trascenderse a sí mismo y expresar a millones de hombres mediante la verbalización de su propia y singular aventura. Por eso la fundamentación autobiográfica debe ser estimada como una constante estructural del crear nerudiano, como una de las claves de su desarrollo proteico. Aquí sólo pretendo destacar algunos aspectos y articulaciones en el proceso de composición de treintitantos libros, desde 1920 a 1970.

1

Las primeras ediciones de *Crepusculario* traían bajo el título la fecha 1919, insinuando que el libro (publicado en 1923) había sido escrito en aquel año. "Este libro de otro tiempo", subrayó la dedicatoria a Juan Gandulfo desde la segunda edición (1926). Pero en verdad el libro recogía poemas compuestos entre comienzos de 1920 ("Panthecos", mayo 1920) y comienzos de 1923, esto es, entre los 16 y los 19 años de Neruda. Cinco de esos poemas eran sobrevivientes de la etapa liceana en Temuco, anteriores a la llegada de Neruda a Santiago en marzo 1921, y traían huellas modernistas y ecos de cierta lírica blanda vigente en la década previa (Magallanes Moure, Prado, Mondaca, Daniel de la Vega). El período de composición de *Crepusculario* coincidió entonces con los primeros años del gobierno de Arturo Alessandri, inaugurado con grandes ilusiones de la clase media y de la "querida chusma" que apoyó al demagogo. Eran también los años brillantes de la generación universitaria de 1920 que, a través de sus revistas *Juventud* y *Claridad,* expresaba simpatías iniciales hacia el gobierno de Alessandri y hacia la revolución rusa de 1917, a pesar del predominio de la ideología anarquista. Los poemas de *Crepusculario* compuestos entre 1920 y mediados de 1922 evidenciaban un ánimo entusiasta y generoso, una sensibilidad abierta a las inquietudes sociales y una romántica confianza en el poder de la palabra poética como factor transformador de la realidad. "Pantheos", "Viejo ciego llorabas", "Oración", "Sinfonía de la trilla", "Maestranzas de noche", "Barrio sin luz", ejemplificaban aquella zona de *Crepusculario*. Desde mediados de 1922 cambió la tónica de la poesía nerudiana, desapareciendo aquella perspectiva románticamente comprometida con el destino social y regresando al escepticismo y al desconsuelo ("El estribillo del turco", "El castillo maldito", "Mariposa de otoño", "Tengo miedo"). Tal cambio coincidió con la agonía de las esperanzas puestas en el gobierno de Alessandri y con la incomprensión de ciertos sectores estudiantiles e intelectuales frente a las dificultades que vivía entonces el joven Estado soviético (bajo el seudónimo Juan Guerra, Gandulfo llegó a escribir en *Claridad* un editorial contra Lenin). La intimidad de Neruda se redujo a un "castillo maldito" en el que sólo lo erótico sobrevivía como instancia estimulante ("Morena la besadora"), aunque también amenazada de congoja y desgarramiento ("Farewell").

Al momento de publicarse *Crepusculario* (a mediados de 1923) ya Neruda sentía que ese libro había quedado atrás. A comienzos de ese mismo año había resuelto abandonar el modo inorgánico de poesía que primó en *Crepusculario* (compilación desprovista de unidad) para embarcarse en un ambicioso proyecto cíclico. Así surgió *El hondero entusiasta*, compuesto en 1923 pero publicado diez años más tarde. Confesó Neruda en 1964: "Este libro, suscitado por una intensa pasión amorosa, fue mi primera voluntad cíclica de poesía: la de englobar al hombre, la naturaleza, las pasiones y los acontecimientos mismos que allí se desarrollaban, en una sola unidad" [1]. El poeta, determinado al asalto de las estrellas y a la ruptura del enclaustramiento (el muro) en que se sentía sumido, buscó a través de la amada y bajo el signo de la embriaguez erótica, otorgar a su poesía la originalidad y la significación trascendente que ambicionaba. Dejando atrás el abigarramiento y el lirismo contemplativo de los poemas de *Crepusculario*, Neruda creyó haber alcanzado en el *Hondero* su altura definitiva, su voz más poderosa, "una poesía epopéyica que se enfrentara con el gran misterio del universo y también con las posibilidades del hombre". Por eso fue que la respuesta del poeta uruguayo Carlos Sabat Ercasty, en el sentido de que veía en los versos del *Hondero* (Neruda le había hecho llegar una copia) las huellas de su propia poesía, significó para el enfebrecido muchacho un golpe terrible. No era sólo un asunto de vanidad. Era el desplome de la certeza de haber alcanzado, con el *Hondero*, la posesión de su camino más personal e intransferible.

La gravedad que el episodio tuvo para Neruda se nos aparece certificada por el hecho de no querer publicar el *Hondero* sino diez años después. "Terminó allí mi ambición cíclica de una ancha poesía, cerré la puerta a una elocuencia desde ese momento para mí imposible de seguir, y reduje estilísticamente, de una manera deliberada, mi expresión. El resultado fue mi libro *Veinte poemas de amor y una Canción desesperada*" [2]. Resulta sorprendente que el propio Neruda nos señale que el más popular de sus libros debe ser estimado —desde una perspectiva panorámica de su poesía— como portador de una misión más bien humilde: la de puente o transición entre dos tentativas muy ambiciosas. En el *Hondero* todo quería ser grandioso, espectacular, de tono mayor: el ímpetu soberbio de un muchacho que para integrarse al universo y a su misterio no se conformaba con menos de un ataque a las estre-

---

1 Neruda, "Algunas reflexiones improvisadas sobre mis trabajos". Ver texto completo en esta antología.
2 Neruda, *op. cit.*

llas; el poeta se concebía a sí mismo como un ser excepcional en trance titánico de asaltar el cielo para romper el muro de su enclaustramiento existencial; el personaje femenino era una Amada con mayúscula, instrumentalizada para las ansias de infinito que urgían al poeta; el escenario de toda esta epopeya era el cosmos estelar; el lenguaje jadeaba la grandilocuencia del delirio. Los *Veinte poemas,* en efecto, surgieron de una reducción total: ninguna ambición de epopeya ni voluntad de titanismo; no ya la Amada cósmica, sino tres o cuatro mujeres concretas y terrestres para compartir con ellas la tristeza, la sensualidad, el abandono; no un abstracto escenario de estrellas, sino el paisaje del sur de Chile, la desembocadura del Imperial, los muelles de Carahue, el mar de Puerto Saavedra y también las calles estudiantiles de Santiago, la Universidad, la avenida España y la plaza Manuel Rodríguez, las piezas de pensión; no la desmesura verbal, sino un melancólico lenguaje en sordina: "Puedo escribir los versos más tristes esta noche".

2

Del repliegue expresado en los *Veinte poemas* emergerá una nueva tentativa cíclica que esta vez se llamará realmente así: *Tentativa del hombre infinito* (1926). "Uno de los verdaderos núcleos de mi poesía" —ha dicho Neruda de este libro—: "trabajando en estos poemas, en aquellos lejanísimos años, fui adquiriendo una conciencia que antes no tenía, y si en alguna parte están medidas las expresiones, la claridad o el misterio, es en este pequeño libro, extraordinariamente personal [3]. Aunque en sí misma, en cuanto experiencia de poema cíclico, esta nueva tentativa también estaba destinada al fracaso, ella alcanzó sin embargo un valor que Neruda no le ha escatimado, reconociéndola como una de sus obras predilectas y sorprendiéndose del escaso interés que ha despertado en la crítica. El poeta no se equivoca. Este pequeño libro le abrió a Neruda el camino hacia el lenguaje de *Residencia en la tierra.* Más que sus audacias formales —versículos sin puntuación ni mayúsculas—, lo que importa en *Tentativa* es el abandono de las preocupaciones que definieron los libros anteriores —*Crepusculario, Hondero, Veinte poe-*

[3] Neruda, *op. cit.*

10

mas— y la aproximación a un orden de intuiciones que será dominante en *Residencia en la Tierra,* en especial la angustia del tiempo y la conciencia de lo terrestre.

Desde 1924 Neruda vivía una nueva etapa y la búsqueda expresiva que intentó plasmarse no sólo en *Tentativa del hombre infinito* sino también en *El habitante y su esperanza* y en *Anillos,* las tres obras publicadas en 1926. Las tres fueron el umbral de *Residencia.* 1924 a 1927: años particularmente duros para Neruda. "¡Si vieras que estoy desamparado y aburrido de todo!", le escribía por entonces a su hermana Laura Reyes. Había abandonado sus estudios universitarios y por ello su padre le suspendió la mesada. La penuria económica y el ideal nerudiano de centrarse en la actividad poética formaban un círculo vicioso insoluble. Para romperlo Neruda intentó primero un regreso al espacio privilegiado de la infancia y luego el exilio.

Anillos, serie de prosas compuesta en colaboración con Tomás Lago, evidenció un movimiento inicial del ánimo hacia la provincia en que transcurrió la niñez del poeta, buscando en ella —bosques, aldeas, lluvia, soledad, mar— el asidero concreto y terrestre que las estrellas y los crepúsculos le negaban: "Provincia de la infancia,... te propongo a mi destino como refugio de regreso". La invasión devoradora del Tiempo y la presencia aparte del Mar preludiaron en las prosas nerudianas de *Anillos* dos motivos de intenso registro en *Residencia.*

Habiendo fracasado el retorno al terruño, Neruda intentó el exilio. Primero el exilio en su propio país: Ancud, en la isla de Chiloé. Por pura desesperación, miseria y desconcierto viajó hasta allí a mediados de 1925, acompañando a su amigo Rubén Azócar. En Ancud escribió *El habitante y su esperanza,* obra en prosa que recogió —bajo una forma híbrida de poemario y narración— las contradicciones fundamentales que convulsionaban la intimidad del poeta. El protagonista del relato es un cuatrero (es decir, un individuo al margen de la ley, de la sociedad, de la rutina, como el poeta) que advierte en el amor de Irene la posibilidad de una esperanza. Pero el Tiempo desencadena su maleficio y el *habitante* (prefigura del *residente en la tierra*) tendrá que resignarse al desconsuelo: Irene murió asesinada y en vano el protagonista buscará una coartada (para su soledad) en otra mujer o en la venganza. Toda fuga se revelará imposible. El cuatrero (el poeta) no logrará escapar a la maldición de un Tiempo que es ante todo inmovilidad y desgracia: "Y luego existen esos días que se arrastran desgraciadamente, que pasan dando vueltas sin traerse algo, sin llevarse nada: sin llevarse ni traerse nada, el tiempo que corre a nuestro lado, ciclista sin apuro y vestido de gris, que tumba su bicicleta sobre el domingo, el jueves, el domingo de los pueblos, y entonces, cuando el aire más parece inmóvil, y nuestro anhelo se hace invisible como una gota de la lluvia pegándose a un vidrio, y sobre el techo de mi habitación demasiado apartada persiste, insiste, cayendo el aguacero, viéndose en las partes oscuras de la atmósfera, especialmente si en la ventana del frente falta un vidrio, su tejido cruzándose, siguiéndose, hasta el suelo." [4]

Neruda permaneció en Ancud hasta mediados de 1926. Al regresar a Santiago se reunió con sus amigos Tomás Lago y Orlando Oyarzún, todos de escasas entradas, y juntos arrendaron una pieza en calle García Reyes 25. La situación económica era insostenible. En cartas a su hermana Laura, que vivía en Temuco, le confesaba sus apremios de ropa y de dinero: "estoy ya viejo para no comer todos los días". En esas mismas cartas comunicaba la posibilidad de un viaje al extranjero. Neruda preparaba su segundo exilio.

3

Varios poemas del primer volumen de *Residencia en la tierra* fueron escritos en Chile entre 1925 y 1927, antes de que Neruda dejase el país y especialmente mientras vivió en García Reyes, 25. "Serenata", "Madrigal escrito en invierno", "Galope muerto" y "Fantasma" fueron incluso publicados en revistas chilenas en 1925 y 1926, y muy probablemente "Alianza (Sonata)", "Débil del alba", "Unidad", "Sabor", "Caballo de los sueños" y "Lamento lento" corresponden también al mismo período, lo cual los hace contemporáneos de *Tentativa* y de *El habitante y su esperanza*. Ello explica afinidades de lenguaje y atmósfera.

Esos últimos meses de Neruda en Chile fueron infernales. Sin trabajo estable, casi sin dinero, viviendo estrechamente y a veces sobreviviendo, rotas las relaciones con su padre, el poeta vivió días inhóspitos y deprimentes. No

[4] Neruda, *El habitante y su esperanza*, XII.

lograba dar con el lenguaje ambicionado. En el plano
cívico, el ímpetu estudiantil había declinado como lógica
consecuencia de la desorientación anarquista mientras Alessandri caía y era repuesto en el poder. La matanza de obreros del salitre en la oficina de La Coruña (junio 1925)
fue sólo el preludio de la represión antisindical que en los
años siguientes desencadenó la dictadura de Carlos Ibáñez.
El país había ingresado en un período particularmente
sombrío de su historia. La desmoralización afectó en profundidad a los intelectuales pequeñoburgueses. Neruda,
muy desorientado, sólo atinaba a sobrevivir con traducciones y trabajos menores para el editor Nascimento, o con
otras actividades ocasionales (como la venta de unas inge-
niosas tarjetas cómicas que el propio Neruda diseñó y que
llamó "faciógrafos"), mientras buscaba el camino hacia
otros horizontes fuera de Chile. Hasta que obtuvo un cargo
consular de mala muerte en Rangún, Birmania.

Desde Valparaíso partió Neruda un día de junio de 1927,
en un tren que combinaba con el Transandino para llevarlo
a Buenos Aires. Viajaba con su amigo Álvaro Hinojosa,
también nombrado para un incierto destino consular en el
Extremo Oriente. En Buenos Aires ambos amigos embar-
caron en el "Baden" rumbo a Rangún vía Europa. Durante
el viaje Neruda conoció Río, Santos, Lisboa, Madrid, París,
Marsella, y atravesando el Mediterráneo y el Mar Rojo
pasó por Port Said, Djibouti, Colombo, Singapur, Madras.
Poco después de llegar a Rangún, ávido de viajes, Neruda
emprendió una aventurada y durísima gira por el costado
oriental de Asia, pasando por Shangai, Cantón, Tokio y
otras ciudades. De regreso en Rangún, vivió allí hasta fines
de 1928, época en que fue trasladado con el mismo cargo a
Colombo (Ceilán) y de allí a Batavia (Java) en marzo
de 1930. En Batavia casó con María Antonieta Hagenaar,
una joven holandesa criolla de Java (6-XII-1930). Los cole-
tazos de la crisis capitalista de 1929 afectaron a Neruda
porque el gobierno chileno suprimió su cargo en Batavia
y el poeta debió regresar a Chile. Atravesó el océano en el
carguero "Forafric" y en abril de 1932 cruzó el Estrecho
de Magallanes para desembarcar con su mujer en Puerto
Montt, muy al sur de Chile. Desde allí, por tren, a Temuco
nuevamente.

Durante estos años completó Neruda el primer volumen
de *Residencia en la Tierra*. La unidad de atmósfera que

reina en el libro demuestra que el drama interior de Neruda, registrado en sus poemas, 1925-1927, viajó también al Oriente para agudizarse allí en un nuevo contexto. Los versos de la primera *Residencia* relataron, en efecto, una múltiple y angustiada experiencia: la desolación del ánimo y del sexo; la miseria económica del cargo consular; la falta de horizontes para la publicación de su poesía (hizo varios intentos, algunos a través de Alberti y de Alfonso Reyes); la nostalgia de la familia, de los antiguos amores, de los amigos, del clima y del idioma que quedaron atrás (la distancia ayudó a Neruda a redescubrir su patria y su continente); la vigilia del aislamiento; los eventuales contactos eróticos y la imposible comunicación con una atmósfera extranjera cuyo paisaje, cuya tradición, cuya deformación histórica le eran impenetrables.

En medio de tal desolación Neruda tomaba conciencia de que su trabajo literario se aproximaba a un nivel de expresión que lo enorgullecía de veras, por primera vez. En carta a su amigo González Vera, fechada en Rangún el 6-VIII-1928, escribió: "Ya le he contado: grandes inactividades, pero exteriores únicamente; en mi profundo no dejo de solucionarme, ya que mi cuestión literaria es un problema de ansiedades, de ambiciones expresivas bastante sobrehumanas. Ahora bien, mis escasos trabajos últimos, desde hace un año, han alcanzado gran perfección (o imperfección), pero dentro de lo ambicionado. Es decir, he pasado un límite literario que nunca creí capaz de sobrepasar, y en verdad mis resultados me sorprenden y me consuelan. Mi nuevo libro se llamará *Residencia en la Tierra* y serán cuarenta poemas en verso que deseo publicar en España. Todo tiene igual movimiento, igual presión, y está desarrollado en la misma región de mi cabeza, como una misma clase de insistentes olas. Ya verá usted en qué equidistancia de lo abstracto y lo viviente consigo mantenerme, y qué lenguaje tan agudamente adecuado utilizo" [5].

4

En la primera *Residencia* se advertía, inicialmente, el dominio de una intuición obsesiva: el Tiempo como agente destructor de todo lo que existe. En otras palabras: la omni-

5 Cit. en HERNÁN LOYOLA, *Ser y morir en Pablo Neruda*. Santiago, Edit. Santiago, 1967, p. 84.

presencia de la Muerte. Este ángulo fue unilateralmente precisado y analizado por Amado Alonso: "Pablo Neruda ve cada cosa del mundo en una disgregación incontenible... No hay página de *Residencia en la Tierra* donde falte esta terrible visión de lo que se deshace. Es lo invenciblemente intuido por el poeta, visto, contemplado. No es sabérselo, comprenderlo con la razón: es sentirlo, vivirlo, sufrirlo con las raíces de la sangre... Los ojos de Pablo Neruda son los únicos en el mundo constituidos para percibir con tanta concreción la invisible e incesante labor de auto-desintegración a que se entregan todos los seres vivos y todas las cosas inertes, por debajo y por dentro de su movimiento o de su quietud... Todos sus versos están llenos de imágenes de deformación, desposesión y destrucción... Esta visión alucinada de la destrucción, de la desintegración y de la forma perdida, la visión omnilateral que se expresa como en amontonado relampagueo recosiendo sobre cada cosa que se deforma y desintegra otras deformaciones y desintegraciones..." [6]

La verdad parcial de este criterio fue minuciosamente documentada a lo largo del libro de Amado Alonso, y en ello se fundó su limitada validez. Pero Alonso no advirtió la progresiva configuración, en *Residencia en la Tierra,* de una intuición contradictoria: la omnipresencia de la Vida, la extraña invencibilidad de la materia siempre en trance de proliferación y aumento, siempre renaciendo de su propia muerte. Junto con establecer la desintegración permanente del mundo bajo la acción del Tiempo, Neruda fue descubierto también la perdurabilidad del mundo en el Tiempo. Particularmente el poema "Entrada a la madera", de la segunda *Residencia,* vino a documentar el momento en que Neruda accedió al reconocimiento de un modo objetivo de existencia en la naturaleza, independiente de la conciencia del poeta y de su angustia, y en el que la vida y la muerte aparecían mutuamente condicionándose.

Pero si en el transcurrir de la Naturaleza llegó a percibir algún modo de permanencia que fluía del batallar entre la vida y la muerte, Neruda en cambio siguió advirtiendo —muy diferenciadamente— que en el transcurrir del Hombre, en el ámbito de la existencia social, reina-

6 A. Alonso, *Poesía y estilo de Pablo Neruda*: Buenos Aires, Sudamericana, 1951, pp. 17 y ss.

ban sin contrapeso la discontinuidad y la muerte. Ello explica por qué en *Residencia* dominó una atmósfera sombría de angustia y desconcierto, pero explica también por qué no hubo en *Residencia* ni un solo verso de desesperación.

La dialéctica del transcurrir de la materia fue haciéndose perceptible para Neruda en el ámbito de la Naturaleza, con su movimiento simultáneo y contradictorio hacia la Muerte, hacia la Vida. Allí era posible el Tiempo objetivo. Pero en el ámbito del Hombre sólo la Muerte aparecía definida con nitidez: la alienación, la burocracia, la mezquindad, el odio, la rutina, todo ello encarnado ante los ojos del poeta en las formas de la civilización (sastrerías, cines, peluquerías, establecimientos, ascensores) y en sus arquetipos humanos (sastres, notarios, monjas, abogados, dentistas, tahúres). Y la vida ¿dónde estaba? Sólo en la actividad poética encontró Neruda la contrapartida de la Muerte en el ámbito de lo humano.

Aunque sentía que todo en torno suyo estaba herido de muerte y que la realidad era "un naufragio en el vacío, con un alrededor de llanto" ("Débil del alba"), Neruda no se resignó a que su poesía consistiera en lamentarse, ni en sollozar, ni en maldecir la desintegración del mundo. Mucho menos en complacerse en su propia desventura. Por eso, porque sólo sabía acercarse a la realidad con amor, su poesía no pudo tener sino un sentido: el de un *testimonio*. No la exaltación falaz de un mundo que el poeta sentía envenenado por el dolor y por la muerte, pero tampoco la negación vociferante. Sólo el testimonio.

> Acecho, pues, lo inanimado y lo doliente,
> y el testimonio extraño que sostengo,
> con eficiencia cruel y escrito en cenizas,
> es la forma de olvido que prefiero,
> el nombre que doy a la tierra, el valor de mis sueños,
> la cantidad interminable que divido
> con mis ojos de invierno, durante cada día de este
> mundo.
>
> ("Sonata y destrucciones")

Reiteradamente manifestó Neruda en *Residencia* su voluntad de testimonio en medio de lo sombrío: "como un vigía tornado insensible y ciego, / incrédulo y condenado a un doloroso acecho" ("Sistema sombrío"). Y reiteradamente aludió a sí mismo con imágenes referidas a su vigilia: "el vigía", "el nochero", variantes de una auto-alusión fundamental: *el testigo*. Los poemas más decididamente programáticos de *Residencia* ("Arte poética" y "No hay olvido") confirmaban el carácter de misión y de deber profético que el poeta atribuía a su testimonio. Neruda aceptaba ser el testigo leal a su obediencia, a sus deberes, a su responsabilidad de poeta y de profeta, como lo expresó en "Significa sombras" con meridiana claridad:

> Sea, pues, lo que soy, en alguna parte y en todo tiempo,
> establecido y asegurado y ardiente testigo,
> cuidadosamente destruyéndose y preservándose incesantemente,
> evidentemente empeñado en su deber original.

5

Difícil imaginar una experiencia más exótica y singular que la de un chileno en Birmania en 1928. Sin embargo, los poemas de *Residencia en la Tierra* que recogieron esa experiencia lograron trascender la anécdota, sin esquivarla, y acceder a un alto nivel de significación. Así, "La noche del soldado" condensó en verbo y colorido la situación del poeta, y en su prosa cobraron vida al mismo tiempo el mundo interior del exiliado y un tumulto de calles, mujeres, habitaciones, mercaderes y extrañas bestias de Rangún. Sobre este paisaje enervante, impregnado de calor, sudor y abatimiento, Neruda diseñó su experiencia del desarraigo y de la soledad exacerbada. Lejos de sus raíces, el poeta sintió extremarse el sinsentido de los días. Su existencia era la de un soldado haciendo una guardia innecesaria en el lugar a que lo destinaron o expulsaron, sonámbulo entre gentes, climas u objetos que le eran extraños. El trasfondo vivencial de "La noche del soldado" aparece resumido en la carta que Neruda envió a González Vera exactamente en esos mismos días (agosto 1928): "Más de un año de vida en estos destierros, en estas tierras fantásticas, entre hombres que adoran la cobra y la vaca... Yo sufro, me angustio con hallazgos horribles, me quema el clima, maldigo a mi madre y a mi abuela, converso días enteros con mi cacatúa, pago por mensualidades un elefante. Los días me caen en la cabeza como palos, no escribo, no leo, vestido de blanco y con casco de corcho, auténtico fantasma, mis deseos están influenciados por la tempestad y las limonadas."

Entre el calor, la humedad y el aislamiento, acosaban al poeta las garras del sexo. "Caballero solo" y "Ritual de mis piernas" emergieron desde la fiebre, en tanto que una experiencia concreta dio origen a "El joven monarca" y a "Tango del viudo". Esa experiencia concreta tuvo un nombre: Josie Bliss, y tuvo una historia que el propio Neruda ha contado inmejorablemente:

"Continué con mis frecuentaciones [se refiere a sus contactos con la gente del país, lo que provocaba las iras de los ingleses coloniales] y me entré tanto en la vida de ellas que me enamoré de una nativa. Se vestía como una inglesa y su nombre en la calle era Josie Bliss, pero en la intimidad de su casa, que pronto compartí, se despojaba de aquellas prendas y de aquel nombre para usar su deslumbrante sarong y su nombre birmano... [Más adelante] tuve dificultades en mi vida privada. La dulce Josie Bliss fue reconcentrándose y apasionándose hasta enfermar de celos. Tal vez yo hubiera continuado siempre junto a ella. Sentía ternura hacia sus pies desnudos, las blancas flores que brillaban sobre su cabellera oscura, pero su temperamento la llevaba hasta un paroxismo salvaje. Sin causa alguna tenía celos y aversión a las cartas que me llegaban de lejos, a los telegramas que me escondía, al aire que respiraba. A veces, de noche, me despertaba la luz encendida y creía ver una aparición detrás del mosquitero. Era ella, apenas vestida de blanco, blandiendo su largo cuchillo indígena, afilado como navaja de afeitar, paseando por horas alrededor de mi cama sin decidirse a matarme. Con eso, me decía, terminarían sus temores. Al día siguiente preparaba curiosos ritos para asegurar mi fidelidad.

"Por suerte recibí un mensaje oficial que anunciaba mi traslado a Ceilán. Preparé mi viaje en secreto y un día, dejando mi ropa y mis libros, salí de casa como de costumbre y entré al barco que me llevaba lejos. Dejaba a Josie, especie de pantera birmana, con el más grande dolor. Apenas comenzó el barco a sacudirse en las olas del Golfo de Bengala, empecé a escribir mi poema «Tango del viudo», trágico trozo de mi poesía dedicado a la mujer que perdí y me perdió, porque en su sangre apasionada crepitaba sin descanso el volcán de la cólera" [7].

Hasta aquí la historia de un poema que me parece uno de los más claramente representativos del genio poético de Neruda y del modo como se verifica su trabajo creador. Importa subrayar que el poema fue escrito en 1928, pero sus antecedentes no fueron revelados por el autor sino 34 años después. Más allá de la anécdota, el texto proponía el testimonio lírico de un grave conflicto en la intimidad del poeta. Josie Bliss era el amor, el sexo, la delicia, la fascinación, el encanto embrujador, pero en verdad nada tenía que ver con las dimensiones de vida, de poesía y de cultura que importaban profundamente a Neruda. Lo que el poema documentaba, entonces, era en verdad un conflicto entre el amor y la vocación. Neruda admitía que por el amor de Josie Bliss habría dado (escalonadamente) muchas cosas muy queridas por su corazón, hasta que en última instancia declaraba la tentación límite de renunciar inclusive a su destino de hombre y de poeta: "cuántas veces entregaría este coro de sombras que poseo / y el ruido de espadas inútiles que se oye en mi alma". Adviértase que en su nivel de mayor alcance y universalidad, "Tango del viudo" abarca poéticamente todos los casos en que el corazón y la razón de un hombre (o de una mujer) se enfrentan en un antagonismo irreductible.

Del amor a Josie Bliss hay varios testimonios en la obra de Neruda. El poema final de *Residencia en la Tierra,* titulado "Josie Bliss", fue escrito probablemente en España hacia 1934 bajo una presión de nostalgia y de melancólico recuerdo. "Regreso a una ciudad", "La desdichada" (ambos de *Estravagario*) y "Amores: Josie Bliss" (de *Memorial de Isla Negra*) son también ecos tardíos de aquella dramática pasión.

6

El 19 de abril de 1932 llegaron Neruda y su esposa a Temuco, en viaje por tren desde Puerto Montt. Casi seis años que no veía el poeta la tierra de su infancia: Temuco, Puerto Saavedra, Imperial, Carahue, Boroa, Toltén, Loncoche. Sólo estuvo algunos días en Temuco. Su padre lo

---

[7] Neruda, "Las vidas del poeta", IV. *O Cruzeiro Internacional,* Río de Janeiro (marzo de 1962).

recibió fríamente: el hijo volvía con mujer, pero sin dinero y sin mayor fama, prácticamente derrotado. La necesidad de retomar contacto y trabajo en el Ministerio de Relaciones Exteriores apresuró el viaje a Santiago. Allí los viejos amigos esperaban a Neruda. Pero también lo esperaba un año sórdido en la ciudad, un año de penurias económicas y de dificultades conyugales. Neruda sólo obtuvo al comienzo un cargo oficinesco en la Biblioteca del Ministerio de Relaciones Exteriores,, con 400 pesos al mes que apenas le alcanzaban para pagar una miserable pieza de pensión en la calle Santo Domingo. Un recital en la Posada del Corregidor y una nueva edición de *Veinte poemas* (Nascimento, 1932) aportaron algún consuelo. La situación era agobiadora, tanto o más que aquella vivida inmediatamente antes del viaje a Rangún. A fines de 1932 Neruda pasó a trabajar en el Departamento de Extensión Cultural del Ministerio del Trabajo, donde tuvo por compañeros a Tomás Gatica Martínez y Tomás Lago. El bar Viena de calle Phillips y el Hércules de calle Bandera ayudaban a soportar las jornadas burocráticas. Allí estaban la poesía, la amistad, el vino. En el verano logró Neruda escapar al sur, a Temuco y Puerto Saavedra, y de sus reencuentros con antiguos amores y con el mar quedaron en *Residencia* los poemas "Barcarola" y "El sur del océano".

En enero de 1933 se publicó la primera edición, diez años postergada, de *El hondero entusiasta*, y en abril apareció *Residencia en la Tierra*. En agosto del mismo año Neruda fue destinado a servir un cargo consular en Buenos Aires. Aunque la situación económica y el trabajo se afirmaban, el estado de ánimo del poeta seguía deplorable bajo la presión de la burocracia y del papeleo. En octubre Neruda y García Lorca se encontraron en casa de Pablo Rojas Paz y allí anudaron una amistad entrañable. Juntos organizaron una conferencia "al alimón" en homenaje a Rubén Darío. Por entonces Neruda y su mujer vivían en el Edificio Safico. El desajuste conyugal era cada vez más serio. Los poemas "Oda con un lamento", "Materia nupcial" y "Agua sexual" informan sobre turbulencias eróticas. En marzo de 1934 Neruda escribió a su padre desde Buenos Aires: "He estado sumamente atareado en este tiempo, he trabajado más de todo lo que había trabajado en mi vida. El Cónsul General, que es mi jefe directo, debió trasladarse a Chile en uso de licencia y yo quedé con toda la responsabilidad de esta oficina, con muchos empleados y una enormidad de trabajo." Toda la fatiga burocrática acumulada en Santiago y en Buenos Aires desde el regreso de oriente, se vació en los poemas "Walking around" y "Desespediente".

Abrumado de rencor hacia una organización de la vida humana que lo obligaba a respirar la vaciedad y la rutina, es decir, la Muerte, Neruda llegó en "Walking Around" al límite de su angustia, al nadir de su temple moral. Todavía en "Ritual de mis piernas" la vida aparecía refugiándose en el propio cuerpo del poeta. Pero en "Walking Around" también cayó esa frontera final: "Sucede que me canso de mis pies y mis uñas / y mi pelo y mi sombra. / Sucede que me canso de ser hombre."

7

Poco después, en mayo 1934, dejó Neruda Buenos Aires para hacerse cargo del consulado chileno en Barcelona. España parecía estar esperando al poeta chileno, y a Neruda el amor a España le duele todavía como a un desterrado. Ninguna otra tierra ha estado jamás tan cerca de su corazón, aparte Chile. "A mí me hizo la vida recorrer los más lejanos sitios del mundo antes de llegar al que debió ser mi punto de partida: España [8]."

Pronto renunció Neruda al consulado en Barcelona para ocupar un cargo de rango menor en Madrid. En esta capital viviría algunos de los días más plenos de su existencia, aunque también algunos de los más amargos y dolorosos. No solamente la guerra: en España esperaban a Neruda el amor, la amistad, la poesía compartida y la verdad histórica del hombre. Pero también lo esperaba el dolor para acuchillarlo en su propia casa. El 18-VIII-1934 nació su hija Malva Marina. Hubo dificultades en el parto y la niña estuvo a punto de morir en los primeros días. De los desvelos y aflicciones de aquellas horas ha quedado un testimonio poético que una vez más nos ilumina el modo en que la experiencia individual de Neruda se transmuta en poesía de gran nivel de universalidad, sobrepasando con mucho los límites del documento personal. Ese testimonio fue el poema "Enfermedades en mi casa", de la segunda *Residencia*.

[8] Neruda, "Viaje al corazón de Quevedo".

En diciembre 1934 Neruda dio un recital en la Universidad de Madrid, presentado por Federico García Lorca. En casa de Carlos Morla Lynch conoció a fines de 1934 a Delia del Carril. Con pocas excepciones, los mejores poetas españoles de esos años rodearon a Neruda con singular amistad: Alberti, Aleixandre, Altolaguirre, Cernuda, Gerardo Diego, León Felipe, García Lorca, Jorge Guillén, Miguel Hernández, los Panero, Luis Rosales, Serrano Plaja, todos ellos firmaron un extraordinario documento de homenaje a Neruda que se incluyó en el cuadernillo *Tres cantos materiales* ("Entrada a la madera", "Apogeo del apio" y "Estatuto del vino") publicado a comienzos de 1935. La revista *Cruz y Raya* acogió traducciones nerudianas de William Blake y selecciones de Quevedo y Villamediana presentadas por Neruda (en el caso de Villamediana, la presentación de Neruda fue su poema "El desenterrado").

La primera edición completa de *Residencia en la Tierra* (dos volúmenes) fue impresa también bajo el sello Cruz y Raya, y apareció en septiembre 1935. Al mes siguiente apareció el primer número de la revista *Caballo Verde para la Poesía*, dirigida por Neruda. El editorial del primer número, bajo el título "Sobre una poesía sin pureza", es estimado uno de los manifiestos poéticos más importantes que ha escrito Neruda.

De pronto los hechos se encargaron de poner al rojo el testimonio de realidad que Neruda había entregado en *Residencia*. En julio 1936, con el apoyo de Hitler y de Mussolini, los generales Mola y Franco desencadenaron el fascismo sobre España. El impacto de la guerra civil sacudió violentamente a Neruda. Su condición diplomática lo obligaba a no mezclarse en la lucha, pero el asesinato de García Lorca, los bombardeos sobre Madrid y la sangre que el poeta vio correr por las calles de la capital asediada lo situaron de golpe en el corazón del combate. Pero en medio de esta vorágine de violencia y metralla Neruda descubrió que el Hombre no sólo es Naturaleza, sino también Historia. Entonces supo cuál era el Tiempo objetivo que no había logrado advertir en el ámbito humano. Bajo el impacto de la guerra civil española Neruda pudo al fin comprenderse a sí mismo como elemento de un paisaje histórico.

A poco de empezar la guerra Neruda inició la composición de su poema mayor "España en el corazón", después

22

incluido en *Tercera residencia*. Ahora el testigo era un acusador y exponía hechos, nombraba criminales, denunciaba, pedía la atención del mundo para el martirio español y exigía los castigos de la tierra y del infierno para los traidores. Amado Alonso vio en los nuevos poemas de Neruda un caso de *conversión poética* (en un sentido "técnico psicológico"), productos de una violencia ejercida por el poeta sobre supuestas tendencias naturales, pero en verdad Alonso no pudo o no quiso ver el proceso total que estaba ocurriendo en la conciencia de Neruda, del cual aquellos poemas de combate sólo eran manifestaciones parciales. La superficial teoría de Alonso no explicó la aparición simultánea (1938) de otros poemas nuevos sin sentido político inmediato, desprovistos de urgencia combativa, como aquellos que implicaban un reencuentro con el paisaje objetivo de Chile.

8

Destituido de su cargo consular, Neruda regresó a Chile en octubre 1937 para seguir trabajando en su poesía y en sus nuevas tareas de solidaridad antifascista. En noviembre organizó y presidió la Alianza de Intelectuales e inició su participación en la campaña electoral del Frente Popular, que postulaba a Pedro Aguirre Cerda como candidato a la presidencia del país. Al mismo tiempo continuó sus esfuerzos en favor de la República Española. Editó "España en el corazón" y recorrió Chile dando conferencias y recitales, interviniendo en los mítines del Frente Popular. En agosto 1938 apareció el primer número de la revista *Aurora de Chile*, dirigida por Neruda: órgano de la Alianza de Intelectuales, su nombre y su espíritu aspiraban a reanudar la lucha iniciada en 1812 por el primer periódico que se publicó en Chile.

Una doble tragedia familiar ensombreció ese año 1938 el ánimo combatiente de Neruda. El 7 de mayo murió su padre, don José del Carmen Reyes, y el 18 de agosto murió su madrastra, doña Trinidad Candia, ambos en Temuco. La familia acordó trasladar los restos de don José del Carmen al nicho en que reposaría su esposa, y a partir de este acontecimiento privado Neruda escribió un testimonio en prosa, "La copa de sangre", que sólo en los últimos años ha logrado la estimación que merece como pieza lite-

raria y como documento autobiográfico del más alto valor [9].
Se trata de un texto muy importante para comprender los
orígenes del "Canto general de Chile" comenzado en 1938,
que fue el núcleo embrionario del *Canto general* de 1950.

En julio 1940 se embarcó Neruda en el "Yasukuni Maru"
rumbo a México, nombrado cónsul de Chile en la capital
de ese país. En México escribió varios poemas incluidos
después en *Tercera residencia*: "Tina Modotti ha muerto',
"Un canto para Bolívar", "Canto a los ríos de Alemania",
"Canto a Stalingrado", "Nueva canto de amor a Stalingrado".
Escribió también nuevos fragmentos del "Canto general
de Chile" y varias otras piezas incorporadas después al
Canto general: "América, no invoco tu nombre en vano",
"Oratorio menor en la muerte de Silvestre Revueltas" y
"En los muros de México", entre otras.

En México intensificó Neruda su actividad antifascista,
y de ella acusaron recibo los grupos pro-nazis al agredirlo
en Cuernavaca (diciembre 1941). El ataque alemán a la
URSS, la extensión mundial de la guerra, y también sus
viajes por el ámbito caribe, a Guatemala (1941) y a Cuba
(1942), todo ello condujo a Neruda a tomar conciencia de
la unidad fundamental de los pueblos y de los destinos
humanos, no sólo en la dimensión inmediata de la lucha
a escala mundial contra el fascismo, sino también en el
sentido vertical y profundo del tiempo, en la dimensión
histórica. La imagen poética de la perpetuidad del hombre,
de su triunfo sobre la Muerte a través de sus combates de
ayer y de hoy, tendía a precisarse desde ángulos diversos,
según lo ejemplificaron poemas que parecían tan distantes
como "Un canto para Bolívar" y "Canto a Stalingrado".

Pero 1943 trajo a la vida de Neruda un acontecimiento
importante. Durante el viaje por los países de la costa del
Pacífico, de regreso a Chile desde México, Neruda fue
invitado a visitar las ruinas preincásicas de Macchu Picchu
en el alto Perú (octubre 1943). Dos años después, siendo
ya senador de la República, Neruda transmutaría aquella
experiencia en uno de sus más importantes poemas: "Alturas de Macchu Picchu", escrito en Isla Negra entre agosto
y septiembre 1945, y publicado por primera vez en 1946.

"Alturas de Macchu Picchu" fue el testimonio poético
de la adhesión de Neruda a la concepción marxista del

---

9 "La copa de sangre": texto incluido en esta antología.

mundo y a su expresión política. La evidente solemnidad del poema, el carácter de balance o evaluación que tienen las cinco primeras series o fragmentos, la formulación de propósitos, su sorprendente conjugación de agonía y aurora, todos estos rasgos confirman en "Alturas de Macchu Picchu" su condición de poema-síntesis que buscó expresar la culminación de un proceso que venía operándose desde varios años atrás en la conciencia de Neruda.

En efecto, 1945 fue un año de importantísimos acontecimientos y decisiones en la vida de Neruda. Ese año fue elegido senador por las provincias de Tarapacá y Antofagasta, con apoyo de los comunistas. En 1945 obtuvo el Premio Nacional de Literatura e inició la legalización de su seudónimo *Pablo Neruda* (que pasó a ser su nombre desde fines de 1946). Ese mismo año 1945, en julio, ingresó oficialmente al Partido Comunista de Chile. Al mes siguiente comenzó a escribir "Alturas de Macchu Picchu". El poema y la decisión política fueron dos expresiones gemelas de un mismo hecho interior. Así como la incorporación de Neruda al Partido Comunista estuvo preparada por sus actividades antifascistas en España, en México y en Chile, así también aquellos poemas de *Tercera residencia* y de *Canto general* que fueron escritos antes de 1945 prepararon el advenimiento de "Alturas de Macchu Picchu".

Sólo desde este criterio es posible explicar realmente el poema, tanto en su estructura como en su contenido. Siete fragmentos del poema (series VI-XII) tienen que ver de un modo explícito con Macchu Picchu, la ciudadela desde cuya perspectiva Neruda estableció una conexión entre el pasado, el presente y el futuro de América. Ahora bien: ¿qué necesidad impulsó a Neruda para anteponerles a esas siete otras cinco series (I-V) con reflexiones retrospectivas sobre su antiguo sentimiento de la Muerte? ¿Por qué este prólogo al motivo central enunciado en el título?

La respuesta se desprende del poema mismo, pero no ha sido advertida con nitidez. Neruda comprendió que aquella *muerte*, la que impregnó de angustia y desconsuelo los versos de *Residencia en la Tierra*, no era la verdadera MUERTE. La que cayó sobre Macchu Picchu, esa sí: "al tamaño / de vuestra magnitud / vino la verdadera, la más abrasadora / muerte..." La Muerte no tenía que ver con los individuos sino con los pueblos. La Muerte llegó a Macchu Picchu, no cuando murió Juan Cortapiedras, o Juan Comefrío, o Juan Piesdescalzos, sino cuanto toda la colectividad desapareció. Porque entonces desapareció toda posibilidad de supervivencia para los individuos. Lo que equivale a afirmar, para la vida del hombre, *la posibilidad de perpetuarse en la vida concreta de la comunidad a que pertenece.* Ese fue el camino que Neruda encontró para superar su propia muerte. Allí estaba el terreno propicio que buscaba para fecundar interminablemente su existencia [10].

9

Entre 1945 y 1947, el poeta-senador Pablo Neruda escribió algunos poemas que marcaron una intención de adecuación consciente entre su ideología marxista y el desarrollo de su conciencia poética. De esa época son "Las flores de Punitaqui", "Los muertos de la plaza" (ambos incluidos en *Canto general*) y el soneto "Salitre". Pero a comienzos de 1948 el Presidente González Videla desencadenó una abierta persecución contra los sindicatos obreros, contra el Partido Comunista (cuyos votos habían sido decisivos para el triunfo de González Videla en 1946) y muy en especial contra Pablo Neruda (generalísimo de la propaganda electoral de 1946), a quien la policía persiguió y acosó vanamente a lo largo de un año. Esta circunstancia, precipitada bajo el signo de la "guerra fría" en el plano mundial, aceleró el proceso de composición de *Canto general*, libro que casi en sus dos terceras partes fue escrito precisamente a lo largo de 1948 y comienzos de 1949, bajo el asedio policial y en refugios clandestinos.

Lo cual significa que gran parte de *Canto general* fue compuesto bajo un estado de ánimo singular: la cólera, la indignación, la urgencia de denunciar la traición y de desenmascarar frente al mundo la realidad del momento chileno, fueron factores que explican no sólo el carácter inmediato y agresivo de varias zonas del libro, sino también cambios muy importantes en su estructura, en su forma, en su tono, en el lenguaje mismo de los nuevos fragmentos.

A comienzos de 1949 Neruda logró escapar del cerco policial y se refugió en el extranjero. Estuvo en Francia, en México, en Guatemala, recorrió detenidamente los países socialistas de Europa y Asia, visitó con dificultades algunos

10 Para un análisis detallado de "Alturas de Macchu Picchu", ver H. LOYOLA, *op. cit.*, pp. 194 y ss.

países capitalistas europeos (Francia, Italia), hasta que pudo regresar a Chile en agosto 1952. Durante esos años del nuevo (y ahora obligado) exilio, Neruda compuso *Los versos del Capitán* (1952) y *Las uvas y el viento* (1954). Ambos libros surgieron de una experiencia vivida por el poeta en dos planos: el amor a Matilde Urrutia y la inmersión en el carácter épico de la realidad mundial surgida desde entrañas de la guerra (en especial, los nuevos países socialistas). En ambos libros estuvieron presentes los dos planos, aunque diversamente acentuados. En *Los versos del Capitán* Neruda acentuó el plano pasional y erótico, pero en el trasfondo de la plenitud amorosa estableció un paisaje de luchas políticas, como se advertía en "El amor del soldado", "El monte y el río" y "La carta en el camino". En *Las uvas y el viento* el motivo dominante fue el itinerario cronístico del mundo de postguerra, la afirmación de un horizonte de esperanza para la humanidad contemporánea, pero a lo largo de ese itinerario la imagen de Matilde Urrutia asomó con insistencia (aunque de modo sutil porque el enamorado no podía aún hacer pública su pasión), como pudo advertirse en los poemas "Regresó la sirena", "Un día" y "La pasajera de Capri".

Entre 1949 y 1957 la obra de Neruda reflejó un cierto optimismo voluntarista, fundado en una visión de la realidad que tendía a ignorar las contradicciones en las zonas extremas: un panorama idílico del mundo socialista, una simplificación empobrecedora del mundo burgués. Bajo la presión de los acontecimientos, del fervor y de la cólera, las reflexiones de Neruda sobre el sentido del trabajo literario en general, y sobre el destino de su propia poesía en particular, se resintieron de esquematismo. El propósito edificante alcanzó una gravitación excesiva en documentos como el discurso pronunciado en México, 1949, durante el Congreso Latinoamericano de Partidarios de la Paz, o el discurso "A la paz por la poesía" leído en Santiago ante la asamblea plena del Congreso Continental de la Cultura, a comienzos de 1953.

Esto afectó negativamente al intento renovador que inició Neruda con sus *Odas elementales* (1954) y que prosiguió con *Nuevas odas elementales* (1956) y *Tercer libro de las odas* (1957). No se trataba sólo de abandonar —por necesidad de equilibrio— el amplio espacio épico y la geografía intercontinental que dominaron en *Canto general* y en *Las uvas y el viento*, volcándose hacia los microcosmos del hombre. Era evidente que las "odas elementales" surgían como reanudación del esfuerzo de Neruda por lograr el inventario poético de la materia en sus múltiples manifestaciones, tanto en el plano de la naturaleza ("Oda a la cebolla", "Oda al invierno", "Oda al hígado", "Oda al mar") como en el de la cultura ("Oda a la tipografía", "Oda a los calcetines", "Oda al serrucho"). Pero también reflejaron un propósito de renovación estilística que se manifestó en un transitorio adelgazamiento de los versos y en una remodelación —más duradera— del lenguaje nerudiano.

En las *Odas*, como en *Residencia,* Neruda subrayó la ruptura entre el hombre y el mundo natural, pero ya no desde una subjetividad ahistórica que sólo vislumbraba en la poesía posibilidades de salvación, sino desde una conciencia que afirmaba la perspectiva real de alcanzar en el mundo del hombre la plenitud del mundo natural. Pero ello sólo se lograría a través del combate —en la arena histórica— contra todas las fuerzas alienantes que tienden a perpetuar el abismo entre el hombre y la naturaleza, entre el hombre y la civilización. En tal propósito de humanismo, Neruda buscó conjugar su antigua vocación materialista y sus convicciones políticas, pero el intento sólo a ratos logró la altura ambicionada. Sus legítimas posibilidades fueron afectadas por un cierto esquematismo (voluntarista y simplificador) en la manera de concebir las relaciones del hombre con el mundo.

10

Entre 1949 y 1956 Neruda y Matilde se amaron a escondidas, en condiciones a ratos dramáticas, a ratos cómicas, o tiernas, o patéticas. Esa etapa clandestina la vivieron los amantes en México (1949-1950), en París, en Berlín durante el Festival de la Paz (1951), después en Bucarest, en Praga, en Varsovia, en Pekín, después en Roma, en Nápoles, en Capri, y más tarde finalmente en Chile. Pero 1956 fue el año en que la pareja definió y consolidó su vida en común, después de la ruptura entre Neruda y Delia del Carril (1955). Ese mismo año tuvo lugar el XX Congreso del Partido Comunista de la Unión Soviética, el de las dramáticas denuncias de Jruschov sobre Stalin. Ambos acontecimientos repercutieron notoriamente en el desarrollo de la obra de Neruda.

Desde 1952 casi todos los libros de Neruda han acusado en grados diversos la presencia de Matilde Urrutia. Pero son cuatro los libros que mejor documentan la trayectoria de ese amor: 1) *Los versos del capitán*, 1952, que fue el libro de la conquista amorosa; 2) *Estravagario*, 1958, que fue el libro de la formación de Matilde o libro del aprendizaje; 3) *Cien sonetos de amor*, 1959, el libro de la coronación de Matilde, y 4) *La barcarola*, 1967, el libro de la conversación familiar o de la vida consolidada en común.

En 1956 Neruda tenía ante sí una situación delicada, un verdadero desafío. ¿Era Matilde realmente la mujer de su destino, iba ella bien con su misión, con su responsabilidad de hombre y de poeta? A Neruda no le bastaba con amar y ser amado (recuérdese el caso Josie Bliss). No podía equivocarse ni autoestafarse. Pero Neruda aceptó el desafío y contestó que sí, que Matilde era su mujer, y que quienes no estuviesen de acuerdo que se fuesen al infierno [11]. Varios amigos rompieron con él. Los poemas "Fábula de la sirena y los borrachos" y "Por fin se fueron", de *Estravagario*, aludieron a estos espisodios.

Entonces empezó a escribir los *Cien sonetos de amor* para coronar a su reina. "La luz de enero" a que alude el soneto LXVI fue el comienzo de 1957, en Isla Negra con Matilde. Pero de pronto el poeta interrumpió su corona y los dos emprendieron (otoño 1957) un largo viaje por el mundo, un viaje que pudo hacer pensar en un crucero de bodas, pero que en verdad tuvo un sentido más profundo aún. Neruda quiso realizar con Matilde un peregrinaje por todos los lugares de la tierra donde él había estado o vivido antes de conocerla, en especial por Rangún, la tierra de Josie Bliss, Colombo y otros lugares del Oriente. Resultado de este viaje fue un libro, el que más aman Pablo y Matilde porque lo escribieron juntos: *Estravagario* (1958). Fue el libro del aprendizaje de Matilde, de su formación para ser la mujer del poeta. Huellas de la peregrinación por el mundo quedaron en los poemas "Regreso a una ciudad", "La desdichada", "Adiós a París", "Caballos".

---

[11] Sobre la trayectoria amorosa de Neruda en relación con su poesía, ver: H. LOYOLA, "Pablo Neruda: el amor y la vocación poética". *Mensaje*, Santiago, 184 (nov. 1969).

Desde otro ángulo *Estravagario* inauguró una nueva etapa en la obra de Neruda. Al pasar por Praga en 1957, el poeta formuló declaraciones que implicaban una revisión de los puntos de vista esquemáticos, que informaron una parte de su obra entre 1949 y 1956. Esto se reflejó en *Estravagario*, donde Neruda retornó a su mejor temperatura creadora para entregar una imagen de lo real en toda su complejidad contradictoria, sin mutilaciones. Al ingresar al otoño de su vida la obsesión del Tiempo reapareció como instancia melancólica en *Estravagario*, inaugurando una constante de los libros nerudianos hasta *Fin de mundo* (1969): las reflexiones autobiográficas o autorretratos en el tiempo (ver los poemas "Itinerarios", "Dónde estará la Guillermina?", "Cantasantiago"). Otra tónica persistente en *Estravagario* se registró en poemas como "No tan alto", "Cierto cansancio", "A callarse", "Laringe", donde el motivo de la Muerte volvió a establecer en los versos de Neruda la relatividad de lo existente, la dimensión dolorosa de la vida.

De regreso a Chile pudo completar Neruda la corona que en 1957 había comenzado a forjar para Matilde: *Cien sonetos de amor* (1959). Al subrayar el carácter privilegiado de una experiencia amorosa, estos sonetos no alcanzaron la capacidad de contagio y de participación de los *Veinte poemas*, pero en el extenso discurrir del homenaje a la amada emergieron momentos de gran belleza e intensidad. Ese mismo año se publicó *Navegaciones y regresos*, ofrecido por el poeta como prolongación del ciclo de las odas elementales, pero que en rigor acusaba una tónica distinta en el asedio a lo real, visible por el abandono de un optimismo programático y por la aceptación del dolor y de la incertidumbre como ingrediente de la vida (según lo ejemplificó en ese libro el poema "El barco").

11

A fines de 1958 concibió Neruda una serie de poemas "en torno a Puerto Rico, a su martirizada condición de colonia, a la lucha actual de sus patriotas insurgentes". Un viaje a Venezuela en 1959 y los acontecimientos de Cuba ampliaron su proyección a todo el ámbito del Caribe. Así surgió *Canción de gesta* (1960). Inesperadamente, cuando la poesía de Neruda parecía afincada en la intimidad personal, un brusco cambio de timón la orientó otra vez hacia el acontecer político inmediato. El triunfo de la Revolución Cubana fue el centro de interés de estos poemas escritos en romance heroico. Por un lado, *Canción de gesta* fue un retorno, en escala reducida, al tono épico de *Canto general* y a la voluntad cronística de *Las uvas y el viento*, pero al mismo tiempo las nuevas preocupaciones introdujeron motivos diferentes. El poema final, "Escrito en el año 2000", sintetizó el cruce: junto a la meditación sobre el destino político de América Latina y a la exaltación de la gesta comandada por Fidel Castro, Neruda situó —siguiendo la línea inaugurada en *Estravagario*— una retrovisión sinóptica de su propia biografía, evocando la época estudiantil en Santiago, sus amores en Birmania, la espesura de Ceilán, el fuego cruel de la guerra civil española.

La preocupación por el propio pasado se tornó obsesiva. ¿Tal vez Neruda se sintió definitivamente instalado en su plenitud, luego de haber consolidado su vida en común con Matilde y de haber roto con una concepción esquemática y voluntarista de su propia poesía? Su viaje de 1958 marcó el comienzo de una nueva actitud: junto a Matilde el poeta había realizado un descenso a las raíces de la experiencia personal, a los lugares privilegiados. Con la conciencia de haber ingresado al otoño de su vida, Neruda comenzó a interrogarse mirando hacia el pasado.

En el pórtico de *Cantos ceremoniales* (1961) situó Neruda un breve y nervioso poema de evocación de la infancia y de sus lecturas formadoras: "El sobrino de occidente", anticipación de los motivos autobiográficos del *Memorial de Isla Negra*. (En los *Cantos*, la aceptación de la dimensión dolorosa de la existencia se reflejó en especial en los poemas "Lautréamont reconquistado" y "Fin de fiesta".) Un viaje a Temuco en 1961 precipitó una nueva meditación sobre el transcurso del Tiempo, sobre la destrucción de los recuerdos, y de este asombro melancólico surgió el poema "Regresó el caminante", una de las mejores piezas de *Plenos poderes* (1962). Por entonces publicó también Neruda una serie de diez crónicas autobiográficas en la revista *O Cruzeiro Internacional* (enero-junio 1962) bajo el significativo título de "Las vidas del poeta". Pero la retrospección y la melancolía no apartaron a Neruda de sus convicciones afirmativas, y durante el XII Congreso del Partido Comunista de Chile su participación fue un notable poema que exaltó en la imagen de "El pueblo" a los millones de anónimos y olvidados constructores del mundo en que vivimos.

En 1964 Neruda cumplió 60 años y con este motivo se regaló a sí mismo (fueron sus palabras) el *Memorial de Isla Negra*, nuevo esfuerzo hacia una poesía cíclica que fundiese unitariamente las experiencias del pasado y los requerimientos del futuro, su tristeza y su voluntad de vida. No pretendió ser sólo una autobiografía en verso. El título del cuarto volumen, *El cazador de raíces*, subrayó la voluntad del poeta de hundirse en sus orígenes, no para regresar a ellos, sino para extraer de ellos un renovado potencial de energía y vitalidad. Por eso fue que, junto a excelentes poemas de evocación autobiográfica (en especial los del primer volumen: *Donde nace la lluvia*), el *Memorial* incluyó también reflexiones sobre el quehacer literario ("La verdad") y una solemne reafirmación de su ideología comunista ("El episodio"). El 60 cumpleaños de Neruda coincidió con la etapa más dura de la campaña electoral de 1964 en Chile, que habría de instalar en la presidencia del país al candidato conservador postulado por la Democracia Cristiana, Eduardo Frei, en cuyo favor se movilizaron enormes recursos internacionales bajo la doble consigna de una "revolución en libertad" y del más enconado anticomunismo. Desprovisto de intención edificante y de esquematismos simplificadores, "El episodio" trajo a la poesía política de Neruda un tono de confidencia y dramatismo, un grado de interiorización que le faltaba. Al hacerse cargo de la crisis que significó para los comunistas de todo el mundo la denuncia de los crímenes de Stalin, hecha por Jruschov durante el XX Congreso del PCUS, Neruda reafirmó altivamente su condición militante, su adhesión a una causa por encima de quienes pudiesen —en algún momento— encarnarla o representarla. Esa fue su respuesta a la campaña anticomunista de 1964 y una de sus contribuciones al combate cuyo abanderado era Salvador Allende. Al mismo tiempo su poema cumplió un papel indispensable en el examen total que de su vida, raíces y posiciones emprendió Neruda al escribir el *Memorial*.

A esta altura, las publicaciones de Neruda proseguían el ritmo notoriamente constante de aparición que se inició con *Estravagario* en 1958. Hubo una ruptura en 1965, pero en 1966 se publicaron dos nuevos libros. *Arte de pájaros* era una antigua idea de Neruda. En su realización se pudo advertir cierta tendencia al virtuosismo, pero a la vez fue una prolongación del inventario del mundo natural chileno y latinoamericano, que ha sido siempre una de las más importantes ambiciones poéticas de Neruda, ligada a su cosmovisión materialista. El otro libro de 1966, *Una casa en la arena*, no pretendió sino el carácter de una crónica menor sobre aspectos de la vida cotidiana del poeta y de su casa en Isla Negra, junto al mar.

12

En los años que siguieron a 1964 la consagración internacional de la obra de Neruda llegó a un nivel culminante. Y esa obra seguía creciendo. En su libro *La barcarola* (1967) el poeta se propuso conjugar dos líneas de creación: por un lado, coronar el ciclo de la autobiografía íntima con la historia poética de su amor por Matilde Urrutia; por otro lado, comunicar ciertos frutos escogidos desde la altura de su experiencia. Que una parte del nuevo libro fue la prolongación y cierre de los esfuerzos retrospectivos iniciados en *Estravagario*, lo comprobaba el hecho de que las páginas iniciales ("Comienza la barcarola") habían aparecido antes como término del *Memorial de Isla Negra*. Concebida como una conversación con Matilde en la intimidad del hogar, esta línea de recuerdos privados recorrió todo el libro como un eje vertebral. Su solemnidad fue subrayada por una versificación mayor de estirpe rubendariana. A lo largo del eje vertebral Neruda insertó una docena de episodios poéticos sobre variados asuntos y personajes de la realidad inmediata (terremoto en Chile, la muerte de su amigo Rubén Azócar), de su preocupación americanista (Joaquín Murieta, Artigas, Lord Cochrane) y de sus experiencias privadas ("Serenata de París", "Santos revisitado"), incluyendo un episodio sobre Rubén Darío. La versificación dominante en *La barcarola* y el hecho de haberse publicado el libro en 1967 (esto es: en el centenario del nacimiento de Darío) indicaron que en el episodio "R. D." condensó Neruda el homenaje a una figura y a un momento muy significativos en la historia cultural de América Latina y la conciencia de ser él mismo un parigual y un continuador de Darío. Orgullo y humildad al mismo tiempo. A Neruda le importaba en esos días configurar el sentido de su propia eminencia, probada y realzada tanto por homenajes (Oxford, New York, México, Moscú, Lima, París, Budapest) como por críticas y ataques (censura de los escritores cubanos, 1965).

Uno de los episodios de *La barcarola* dio origen, por crecimiento y proyección, a una pieza muy singular en la trayectoria nerudiana: *Fulgor y muerte de Joaquín Murieta* (1967). Desde que en 1964 publicó Neruda su espléndida versión española de *Romeo y Julieta*, el demonio del teatro lo rondaba. En el *Murieta* se concentraron también dos propósitos de Neruda. Uno: la antigua ambición de situar al hombre de América Latina (y a Chile, en especial) frente a su mitología potencial, para que ese hombre la incorporase a su atmósfera cotidiana y a su tradición histórico-cultural. Dos: a través del teatro Neruda intentó una vez más realizar su sueño —viejo también— de la creación total.

Si *La barcarola* significó la culminación de una autobiografía íntima, en 1968 y 1969 publicó Neruda dos libros que involucraban cada uno la evaluación o balance o recuento de su existencia en dos planos diferentes: *Las manos del día* (1968) en el plano de lo personal, *Fin de mundo* (1969) en el plano de la circunstancia histórica. En *Las manos del día* todo el discurrir poético fue construyéndose a partir de una dura instancia central: era la angustia de sentir la muerte aproximándose, rondando en las cercanías, amenazando desde alguna distancia —cada día más corta— con la "certidumbre del adiós". El poeta asumía sus años vividos y se enfrentaba con altivez a su desasosiego. No era el retorno a la vieja angustia, aquella que corroía sus versos residenciarios: esta vez era una objetiva y terrible toma de conciencia. Tal sentimiento de la muerte aproximándose fue la clave del libro, el núcleo organizador de su estructura, aunque no admitido de un modo directo. De ahí el carácter dramáticamente sincero y personal de la obra, y su aliento de gran dignidad.

En *Fin de mundo* desarrolló Neruda una abigarrada reflexión sobre la época que le tocó vivir. Había pensado en otro título: *Juicio final*, alusión a una galería crítica de personajes y acontecimientos. Escribiendo desde el contexto de una edad que no admitía ilusiones, Neruda compulsó la verdad con profunda tristeza, incluso con amargura, pero sin renunciar a sus ideas. Le dolía haber asistido sólo

34

al prolegómeno incierto de la historia y que sus esperanzas no hubiesen alcanzado realización concreta durante su vida. No tenía confianza en los treinta años que le quedaban al siglo xx, ese siglo aún indeciso entre caer al compacto o al vacío, entre la revolución definitiva o las tinieblas del retroceso.

El libro implicó una poco sutil negación de antiguas euforias rotundas: el poeta admitía que la realidad es dolorosamente complicada y que "aún no llegan los nuevos pasajeros". Hasta el enemigo tuvo razón a veces, sin dejar de ser enemigo. Al escribir "la verdad es que no hay verdad", Neruda sufría al admitir la realidad como contradictoria y así tener que amarla y defenderla en su devenir histórico. Pero cuidado. La bruma de melancolía y de tristeza que impregnó *Fin de mundo* no significaba en Neruda la negación de sus convicciones. Al contrario: desde *Canto general*, nunca Neruda fue menos eufórico, menos voluntarista y menos definitivo que en este *Fin de mundo*, pero nunca fue tan hondamente marxista como en estos versos de dolor y de contradicción. La mentira y la sangre no fueron patrimonio exclusivo de la otra trinchera, sino también de la suya, no existieron sólo en Santo Domingo y en Viet Nam, sino también en la URSS y en China. La sangre y la mentira no fueron abstracciones en *Fin de mundo*. Pero Neruda no juzgaba su época desde un Olimpo personal, sino desde una barricada de combatiente. El motivo del dolor universal no era un filosofar de lamentación o de cólera desde la conciencia de un hombre situado por encima del bien y del mal: era un meditar la realidad desde la situación de un hombre comprometido que incluía su propio compromiso como parte del problema, como parte del paisaje de sus reflexiones.

Por eso Neruda no se margina de la actividad política. En septiembre 1969 fue proclamado candidato de los comunistas a la presidencia de la república chilena, hasta que a comienzos de 1970 cristalizó la postulación unitaria de Salvador Allende. Durante esos meses Neruda recorrió una vez más el país de norte a sur haciendo alarde de energía y vitalidad, no en plan de figuración honoraria, sino encabezando un tremendo trabajo político en pro de la unidad de la izquierda chilena. Más tarde, ya consolidado el gobierno de la Unidad Popular, Neruda fue propuesto para representar a Chile como embajador en París. Allí trabaja desde abril 1971.

13

Los dos libros del recuento —*Las manos del día* y *Fin de mundo*— pudieron hacer pensar en trabajos de crepúsculo. Pero una vez más Neruda nos ha sorprendido con su portentosa capacidad de renovación. Y no se trata de poemas residuales. Después de un examen final de su propia vida y de su época, Neruda retornó con un libro que sólo se explica como expresión de una conciencia de renacer. Algo ha sucedido, pues no es casual que después de un *Fin de mundo* viniera Neruda a proponernos en *La espada encendida* (1970) una versión suya del Génesis: "En esta fábula —explicó el poeta— se relata la historia de un fugitivo de las grandes devastaciones que terminaron con la humanidad. Fundador de un reino emplazado en las espaciosas soledades magallánicas, se decide a ser el último habitante del 'mundo, hasta que aparece en su territorio una doncella evadida de la ciudad áurea de los Césares. El destino que los llevó a confundirse levanta contra ellos la antigua espada encendida del nuevo Edén salvaje y solitario. Al producirse la cólera y la muerte de Dios, en la escena iluminada por el gran volcán estos seres adánicos toman conciencia de su propia divinidad." Los grandes temas de Neruda han acudido otra vez al nuevo libro bajo una nueva figura: el conflicto entre el Ser y la Muerte, el espacio de América, el poderío del Amor, el triunfo final y perdurable de la Vida.

¿Por qué este renacer? ¿Cuál es su clave oculta? Difícil tarea la de explicar una poesía en plena producción. Pero lo cierto es que Neruda no descansa. Al término de 1970 un nuevo libro suyo, *Las piedras del cielo*, vino a plantear en el fresco lenguaje de sus treinta poemas un renovado asedio al fundamento del existir. Libro melancólico pero no triste: una lozana certidumbre de perdurar —más allá de todo— otorga a sus versos de 1970 una juventud verdadera: "Déjame un subterráneo, un laberinto / donde acudir después, cuando sin ojos, / sin tacto, en el vacío / quiera volver a ser o piedra muda / o mano de la sombra. / Yo sé, no puedes tú, nadie, ni nada, / otorgarme este sitio, este camino, / pero, qué haré de mis pobres pasiones / si no sirvieron en la superficie / de la vida evidente/ y si no busco, yo, sobrevivir, / sino sobremorir, participar / de una estación metálica y dormida, / de orígenes ardientes."

Este nuevo libro de Neruda, *Las piedras del cielo*, me ha parecido particularmente hermoso. Hay en sus versos una lozanía, una luminosidad, una limpieza de piedras recién lavadas por el río de la experiencia, de la vida.

¿Pero de qué me asombro?

Es muy simple: Neruda ha renacido una vez más.

HERNÁN LOYOLA
Departamento de Español
Universidad de Chile

CREPUSCULARIO

(1923)

FAREWELL

1

Desde el fondo de ti, y arrodillado,
un niño triste, como yo, nos mira.

Por esa vida que arderá en sus venas
tendrían que amarrarse nuestras vidas.

Por esas manos, hijas de tus manos,
tendrían que matar las manos mías.

Por sus ojos abiertos en la tierra
veré en los tuyos lágrimas un día.

2

Yo no lo quiero, Amada.

Para que nada nos amarre
que no nos una nada.

Ni la palabra que aromó tu boca,
ni lo que no dijeron las palabras.

Ni la fiesta de amor que no tuvimos,
ni tus sollozos junto a la ventana.

3

(AMO el amor de los marineros
que besan y se van.

Dejan una promesa.
No vuelven nunca más.

En cada puerto una mujer espera:
los marineros besan y se van.

Una noche se acuestan con la muerte
en el lecho del mar.

4

AMO el amor que se reparte
en besos, lecho y pan.

Amor que puede ser eterno
y puede ser fugaz.

Amor que quiere libertarse
para volver a amar.

Amor divinizado que se acerca.
Amor divinizado que se va.)

Ya no se encantarán mis ojos en tus ojos,
ya no se endulzará junto a ti mi dolor.

Pero hacia donde vaya llevaré tu mirada
y hacia donde camines llevarás mi dolor.

Fui tuyo, fuiste mía. Qué más? Juntos hicimos
un recodo en la ruta donde el amor pasó.

Fui tuyo, fuiste mía. Tú serás del que te ame,
del que corte en tu huerto lo que he sembrado yo.

Yo me voy. Estoy triste: pero siempre estoy triste.
Vengo desde tus brazos. No sé hacia dónde voy.

. . .Desde tu corazón me dice adiós un niño.
Y yo le digo adiós.

MARIPOSA DE OTOÑO

La mariposa volotea
y arde —con el sol— a veces.

Mancha volante y llamarada,
ahora se queda parada
sobre una hoja que la mece.

Me decían: --No tienes nada.
No estás enfermo. Te parece.

Yo tampoco decía nada.
Y pasó el tiempo de las mieses.

Hoy una mano de congoja
llena de otoño el horizonte.
Y hasta de mi alma caen hojas.

Me decían: —No tienes nada.
No estás enfermo. Te parece.

Era la hora de las espigas.
El sol. ahora,
convalece.

Todo se va en la vida, amigos.
Se va o perece.

Se va la mano que te induce.
Se va o perece.

Se va la rosa que desates.
También la boca que te bese.

El agua, la sombra y el vaso.
Se va o perece.

Pasó la hora de las espigas.
El sol, ahora, convalece.

Su lengua tibia me rodea.
También me dice: —Te parece.

La mariposa volotea,
revolotea.
y desaparece.

VEINTE POEMAS
DE AMOR Y UNA
CANCIÓN DESESPERADA

(1924)

POEMA 6

TE recuerdo como eras en el último otoño.
Eras la boina gris y el corazón en calma.
En tus ojos peleaban las llamas del crepúsculo.
Y las hojas caían en el agua de tu alma.

Apegada a mis brazos como una enredadera,
las hojas recogían tu voz lenta y en calma.
Hoguera de estupor en que mi sed ardía.
Dulce jacinto azul torcido sobre mi alma.

Siento viajar tus ojos y es distante el otoño:
boina gris, voz de pájaro y corazón de casa
hacia donde emigraban mis profundos anhelos
y caían mis besos alegres como brasas.

Cielo desde un navío. Campo desde los cerros.
Tu recuerdo es de luz, de humo, de estanque en
      calma!
Más allá de tus ojos ardían los crepúsculos.
Hojas secas de otoño giraban en tu alma.

POEMA 15

Me gustas cuando callas porque estás como ausente,
y me oyes desde lejos, y mi voz no te toca.
Parece que los ojos se te hubieran volado
y parece que un beso te cerrara la boca.

Como todas las cosas están llenas de mi alma
emerges de las cosas, llena del alma mía.
Mariposa de sueño, te pareces a mi alma,
y te pareces a la palabra melancolía.

Me gustas cuando callas y estás como distante.
Y estás como quejándote, mariposa en arrullo.
Y me oyes desde lejos, y mi voz no te alcanza:
déjame que me calle con el silencio tuyo.

Déjame que te hable también con tu silencio
claro como una lámpara, simple como un anillo.
Eres como la noche, callada y constelada.
Tu silencio es de estrella, tan lejano y sencillo.

Me gustas cuando callas porque estás como ausente.
Distante y dolorosa como si hubieras muerto.
Una palabra entonces, una sonrisa bastan.
Y estoy alegre, alegre de que no sea cierto.

PUEDO escribir los versos más tristes esta noche.

Escribir, por ejemplo: "La noche está estrellada,
y tiritan, azules, los astros, a lo lejos".

El viento de la noche gira en el cielo y canta.

Puedo escribir los versos más tristes esta noche.
Yo la quise, y a veces ella también me quiso.

En las noches como ésta la tuve entre mis brazos.
La besé tantas veces bajo el cielo infinito.

Ella me quiso, a veces yo también la quería.
Cómo no haber amado sus grandes ojos fijos.

Puedo escribir los versos más tristes esta noche.
Pensar que no la tengo. Sentir que la he perdido.

Oír la noche inmensa, más inmensa sin ella.
Y el verso cae al alma como al pasto el rocío.

Qué importa que mi amor no pudiera guardarla.
La noche está estrellada y ella no está conmigo.

Eso es todo. A lo lejos alguien canta. A lo lejos.
Mi alma no se contenta con haberla perdido.

Como para acercarla mi mirada la busca.
Mi corazón la busca, y ella no está conmigo.

La misma noche que hace blanquear los mismos
    árboles.
Nosotros, los de entonces, ya no somos los mismos.

Ya no la quiero, es cierto, pero cuánto la quise.
Mi voz buscaba el viento para tocar su oído.

De otro. Será de otro. Como antes de mis besos.
Su voz, su cuerpo claro. Sus ojos infinitos.

Ya no la quiero, es cierto, pero tal vez la quiero.
Es tan corto el amor, y es tan largo el olvido.

Porque en noches como ésta la tuve entre mis
    brazos,
mi alma no se contenta con haberla perdido.

Aunque éste sea el último dolor que ella me causa,
y éstos sean los últimos versos que yo le escribo.

LA CANCIÓN DESESPERADA

EMERGE tu recuerdo de la noche en que estoy.
El río anuda al mar su lamento obstinado.

Abandonado como los muelles en el alba.
Es la hora de partir, oh abandonado!

Sobre mi corazón llueven frías corolas.
Oh sentina de escombros, feroz cueva de náufragos!

En ti se acumularon las guerras y los vuelos.
De ti alzaron las alas los pájaros del canto.

Todo te lo tragaste, como la lejanía.
Como el mar, como el tiempo. Todo en ti fue
    naufragio!

Era la alegre hora del asalto y el beso.
La hora del estupor que ardía como un faro.

Ansiedad de piloto, furia de buzo ciego,
turbia embriaguez de amor, todo en ti fue naufragio!

En la infancia de niebla mi alma alada y herida.
Descubridor perdido, todo en ti fue naufragio!

Te ceñiste al dolor, te agarraste al deseo.
Te tumbó la tristeza, todo en ti fue naufragio!

Hice retroceder la muralla de sombra,
anduve más allá del deseo y del acto.

Oh carne, carne mía, mujer que amé y perdí,
a ti en esta hora húmeda, evoco y hago canto.

Como un vaso albergaste la infinita ternura,
y el infinito olvido te trizó como a un vaso.

Era la negra, negra soledad de las islas,
y allí, mujer de amor, me acogieron tus brazos.

Era la sed y el hambre, y tú fuiste la fruta.
Era el duelo y las ruinas, y tú fuiste el milagro.

Ah mujer, no sé cómo pudiste contenerme
en la tierra de tu alma, y en la cruz de tus brazos!

Mi deseo de ti fue el más terrible y corto,
el más revuelto y ebrio, el más tirante y ávido.

Cementerio de besos, aún hay fuego en tus tumbas,
aún los racimos arden picoteados de pájaros.

Oh la boca mordida, oh los besados miembros,
oh los hambrientos dientes, oh los cuerpos trenzados.

Oh la cópula loca de esperanza y esfuerzo
en que nos anudamos y nos desesperamos.

Y la ternura, leve como el agua y la harina.
Y la palabra apenas comenzada en los labios.

Ése fue mi destino y en él viajó mi anhelo,
y en él cayó mi anhelo, todo en ti fue naufragio!

Oh sentina de escombros, en ti todo caía,
qué dolor no exprimiste, qué olas no te ahogaron.

De tumbo en tumbo aún llameaste y cantaste
de pie como un marino en la proa de un barco.

Aún floreciste en cantos, aún rompiste en corrientes.
Oh sentina de escombros, pozo abierto y amargo.

Pálido buzo ciego, desventurado hondero,
descubridor perdido, todo en ti fue naufragio!

Es la hora de partir, la dura y fría hora
que la noche sujeta a todo horario.

El cinturón ruidoso del mar ciñe la costa.
Surgen frías estrellas, emigran negros pájaros.

Abandonado como los muelles en el alba.
Sólo la sombra trémula se retuerce en mis manos.

Ah más allá de todo. Ah más allá de todo.

Es la hora de partir. Oh abandonado!

TENTATIVA DEL HOMBRE INFINITO

(1926)

hogueras pálidas revolviéndose al borde de las noches
corren humos difuntos polvaredas invisibles

fraguas negras durmiendo detrás de los cerros
    anochecidos
la tristeza del hombre tirada entre los brazos del sueño

ciudad desde los cerros en la noche los segadores
    duermen
debatida a las últimas hogueras
pero estás allí pegada a tu horizonte
como una lancha al muelle lista para zarpar lo creo
antes del alba

árbol de estertor candelabro de llamas viejas
distante incendio mi corazón está triste

sólo una estrella inmóvil su fósforo azul
los movimientos de la noche aturden hacia el cielo

Cuando aproximo el cielo con las manos para despertar
    completamente
sus húmedos terrones su red confusa se suelta
gira el año de los calendarios y salen del mundo los
    días como hojas
tus besos se pegan como caracoles a mi espalda
cada vez cada vez al norte están las ciudades inconclusas

ahora el sur mojado encrucijada triste
en donde los peces movibles como tijeras
ah sólo tú apareces en mi espacio en mi anillo
al lado de mi fotografía como la palabra está enfermo
detrás de ti pongo una familia desventajosa
radiante mía salto perteneciente hora de mi distracción
están encorvados tus parientes y tú con tranquilidad
te miras en una lágrima te secas los ojos donde estuve
está lloviendo de repente mi puerta se va a abrir

al lado de mí mismo señorita enamorada
quién sino tú como el alambre ebrio es una canción
    sin título
ah triste mía la sonrisa se extiende como una mariposa
    en tu rostro
y por ti mi hermana no viste de negro

yo soy el que deshoja nombres y altas constelaciones
    de rocío
en la noche de paredes azules altas sobre tu frente
para alabarte a ti palabra de alas puras
el que rompió su suerte siempre donde no estuvo
por ejemplo es la noche rodando entre cruces de plata
que fue tu primer beso para qué recordarlo
yo te puse extendida delante del silencio
tierra mía los pájaros de mi sed te protegen
y te beso la boca mojada con crepúsculo

es más allá más alto
para significarte criaría una espiga
corazón distraído torcido hacia una llaga
atajas el color de la noche y libertas a los prisioneros

ah para qué alargaron la tierra
del lado en que te miro y no estás niña mía

entre sombra y sombra destino de naufragio
nada tengo oh soledad

sin embargo eres la luz distante que ilumina las frutas
y moriremos juntos

pensar que estás ahí navío blanco listo para partir
y que tenemos juntas las manos en la proa navio
    siempre en viaje

admitiendo el cielo profundamente mirando el cielo
    estoy pensando
con inseguridad sentado en ese borde
oh cielo tejido con aguas y papeles
comencé a hablarme en voz baja decidido a no salir
arrastrado por la respiración de mis raíces
inmóvil navío ávido de esas leguas azules
temblabas y los peces comenzaron a seguirte
tirabas a cantar con grandeza ese instante de sed
    querías cantar
querías cantar sentado en tu habitación ese día
pero el aire estaba frío en tu corazón como en una
    campana
un cordel delirante iba a romper tu frío
se me durmió una pierna en esa posición y hablé
    con ella
cantándole mi alma me pertenece
el cielo era una gota que sonaba cayendo en la gran
    soledad
pongo el oído y el tiempo como un eucaliptus
frenéticamente canta de lado a lado
en el que estuviera silbando un ladrón
ay y en el límite me paré caballo de las barrancas
sobresaltado ansioso inmóvil sin orinar
en ese instante lo juro oh atardecer que llegas pescador
    satisfecho
tu canasto vivo en la debilidad del cielo

ANILLOS

(1926)

IMPERIAL DEL SUR

Las resonancias del mar atajan contra la hoja del cielo; fulgurece de pronto la espalda verde; revienta en violentos abanicos; se retira, recomienza; campanas de olas azules despliegan y acosan la costa solitaria; la gimnasia del mar desespera el sentido de los pájaros en viaje y amedrenta el corazón de las mujeres. Oh mar océano, vacilación de aguas sombrías, ida y regreso de los movimientos incalculables, el viajero se para en tu orilla de piedra destruyéndose, y levanta su sangre hasta tu sensación infinita!

Él está tendido al lado de tu espectáculo, y tus sales y sus transparencias alzan encima de su frente; tus coros cruzan la anchura de sus ojos, tu soledad le golpea el corazón y adentro de él tus llamamientos se sacuden como los peces desesperados en la red que levantan los pescadores.

El día brillante como un arma ondula sobre el movimiento del mar, en la península de arena saltan y resaltan los juegos del agua, grandes cordeles se arrastran amontonándose, refulgen de pronto sus húmedas etincelias y chapotea la última ola, alcanzándose a sí misma.

Voluntad misteriosa, insistente multitud del mar, jauría condenada al planeta, algo hay en ti más oscuro que la noche, más profundo que el tiempo. Acosas los amarillos días, las tardes de aire, estrellas contra los largos inviernos de la costa, fatigas entre acantilados y bahías, golpeas tu locura de aguas contra la orilla infranqueable, oh mar océano de los inmensos vientos verdes y la ruidosa vastedad.

El puerto está apilado en la bahía salpicado de techumbres rojas, interceptado por sitios sin casas, y mi amiga y yo desde lejos lo miramos adornado con su cintura de nubes blancas y pegado al agua marina que empuja la marea. Trechos de pinos y en el fondo los contrafuertes de montañas; refulge la amorosa pureza del aire; por encima del río cruzan gaviotas de espuma, mi amiga me las muestra cada vez y veo el recinto del agua azul y los viejos muelles extendiéndose detrás de su mano abierta.

Ella y yo estamos en la cubierta de los pequeños barcos, se estrella el viento frío contra nosotros, una voz de mujer se pega a la tristeza de los acordeones; el río es ancho de colores de plata, y las márgenes se doblan de malezas floridas, donde comunican los lomajes del Sur. Atrae el cauce profundo, callado; la tarde asombra de resonancias, de orilla a orilla por la línea del agua que camina, atraviesa el pensamiento del viajero. Los barbechos brillan secamente al último sol; atracada a favor del cantil sombrío una lancha velera sonríe con sus dos llamas blancas; de pronto surgen casas aisladas en las orillas, atardece grandemente, y cruzan sobre la proa los gritos de los tricaos de agorería.

Muelles de Carahue, donde amarran las gruesas espigas y desembarcan los viajeros; cuánto y cuánto conozco tus tablones deshechos, recuerdo días de infancia a la sombra del maderamen mojado, donde lame y revuelve el agua verde y negra.

Cuando ella y yo nos escondemos en el tren de regreso, aún llaman los viejos días algo, sin embargo del corazón duro que cree haberlos dejado atrás.

PROVINCIA DE LA INFANCIA

Provincia de la infancia, desde el balcón romántico te extiendo como un abanico. Lo mismo que antes abandonado por las calles, examino las calles abandonadas. Pequeña ciudad que forjé a fuerza de sueños resurges de tu inmóvil existencia. Grandes trancos pausados a la orilla del musgo, pisando tierras y yerbas, pasión de la infancia revives cada vez. Corazón mío ovillado bajo este cielo recién pintado, tú fuiste el único capaz de lanzar las piedras que hacen huir la noche. Así te hiciste, trabajado de soledad, herido de congoja, andando, andando por pueblos desolados. Para qué hablar de viejas cosas, para qué vestir ropajes de olvido. Sin embargo, grande y oscura es tu sombra, provincia de mi infancia. Grande y oscura, tu sombra de aldea, besada por la fría travesía desteñida, por el viento del norte. También tus días de sol, incalculables, delicados; cuando de entre la humedad emerge el tiempo vacilando como una espiga. Ah, pavoroso invierno de las crecidas, cuando la madre y yo temblábamos en el viento frenético. Lluvia caída de todas partes, oh triste prodigadora inagotable. Aullaban, lloraban los trenes perdidos en el bosque. Crujía la casa de tablas acorraladas por la noche. El viento a caballazos, saltaba las ventanas, tumbaba los cercos; desesperado, violento, desertaba hacia el mar. Pero qué noches puras, hojas del buen tiempo, sombrío cielo engastado en estrellas excelentes. Yo fui el enamorado, el que de la mano llevó a la señorita de grandes ojos a través de lentas veredas, en crepúsculo, en mañanas sin olvido. Cómo no recordar tanta palabra pasada. Besos desvanecidos, flores flotantes, a pesar de que todo termina. El niño que encaró la tempestad y crió debajo de sus alas amargas la boca, ahora te sustenta, país húmedo y callado, como a un gran árbol después de la tormenta. Provincia de la infancia deslizada de horas secretas, que nadie conoció. Región de soledad, acostado sobre unos andamios mojados por la lluvia reciente, te propongo a mi destino como refugio de regreso.

EL HABITANTE
Y SU ESPERANZA

(1926)

VI

Entonces cuando ya cae la tarde y el rumor del mar
alimenta su dura distancia, contento de mi libertad y
de mi vida, atravieso las desiertas calles siguiendo un
camino que conozco mucho.

En su cuarto estoy comiéndome una manzana cuando aparece frente a mí, el olor de los jazmines que
aprieta con el pecho y las manos, se sumerge en nuestro abrazo. Miro, miro sus ojos debajo de mi boca,
llenos de lágrimas, pesadas. Me aparto hacia el balcón
comiendo mi manzana, callado, mientras que ella se
tiende un poco en la cama echando hacia arriba el
rostro humedecido. Por la ventana el anochecer cruza
como un fraile, vestido de negro, que se parara frente
a nosotros lúgubremente. El anochecer es igual en todas partes, frente al corazón del hombre que se acon-
goja, vacila su trapo y se arrolla a las piernas como
vela vencida, temerosa. Ay, del que no sabe qué camino tomar, del mar o de la selva, ay, del que regresa y
encuentra dividido su terreno, en esa hora débil. en
que nadie puede retratarse, porque las condenas del
tiempo son iguales e infinitas, caídas sobre la vacilación o las angustias.

Entonces nos acercamos conjurando el maleficio, cerrando los ojos como para oscurecernos por completo,
pero alcanzo a divisar por el ojo derecho sus trenzas
amarillas, largas entre las almohadas. Yo la beso con

reconciliación, con temor de que se muera; los besos se aprietan como culebras, se tocan con levedad muy diáfana, son besos profundos y blandos, o se alcanzan los dientes que suenan como metales, o se sumergen las dos grandes bocas temblando como desgraciados.

Te contaré día a día mi infancia, te contaré cantando mis solitarios días de liceo, oh, no importa, hemos estado ausentes, pero te hablaré de lo que he hecho y de lo que he deseado hacer y de cómo viví sin tranquilidad en el hotel de Mauricio.

Ella está sentada a mis pies en el balcón, nos levantamos, la dejo, ando, silbando me paseo a grandes trancos por su pieza y encendemos la lámpara, comemos sin hablarnos mucho, ella frente a mí, tocándonos los pies.

Más tarde, la beso y nos miramos con silencio, ávidos, resueltos, pero la dejo sentada en la cama. Y vuelvo a pasear por el cuarto, abajo y arriba, arriba y abajo, y la vuelvo a besar pero la dejo. La muerdo en el brazo blanco, pero me aparto.

Pero la noche es larga.

VIII

La encontré muerta, sobre la cama, desnuda, fría, como una gran lisa del mar, arrojada allí entre la espuma nocturna. La fui a mirar de cerca, sus ojos estaban abiertos y azules como dos ramas de flor sobre su rostro. Las manos estaban ahuecadas como queriendo aprisionar humo, su cuerpo estaba extendido todavía con firmeza en este mundo y era de un metal pálido que quería temblar.

Ay, ay las horas del dolor que ya nunca encontrará consuelo, en ese instante el sufrimiento se pega resueltamente al material del alma, y el cambio apenas se advierte. Cruzan los ratones por el cuarto vecino, la boca del río choca con el mar sus aguas llorando: es negra, es oscura la noche, está lloviendo.

Está lloviendo y en la ventana donde falta un vidrio, pasa corriendo el temporal, a cada rato, y es triste para mi corazón la mala noche que tira a romper las cortinas, el mal viento que silba sus movimientos de tumultos, la habitación donde está mi mujer muerta, la habitación es cuadrada, larga, los relámpagos entran a veces, que no alcanzan a encender los velones grandes, blancos, que mañana estarán. Yo quiero oír su voz, de inflexión hacia atrás tropezando, su voz segura para llegar a mí como una desgracia que lleva alguien sonriéndose.

Yo quiero oír su voz que llama de improviso, originándose en su vientre, en su sangre, su voz que nunca quedó parada fijamente en lugar ninguno de la tierra para salir a buscarla. Yo necesito agudamente recordar su voz que tal vez no conocí completa, que debí escuchar no sólo frente a mi amor, en mis oídos, sino que detrás de las paredes, ocultándome para que mi presencia no la hubiera cambiado. Qué pérdida es ésta? Cómo lo comprendo?

Estoy sentado cerca de ella, ya muerta, y su presencia, como un sonido ya muy grande, me hace poner atención sorda exasperada, hasta una gran distancia. Todo es misterioso, y la velo toda la triste oscura noche de lluvia cayendo, sólo al amanecer estoy otra vez transido encima del caballo que galopa el camino.

EL HONDERO ENTUSIASTA

(1933)

ERES TODA DE ESPUMAS...

Eres toda de espumas delgadas y ligeras
y te cruzan los besos y te riegan los días.
Mi gesto, mi ansiedad cuelgan de tu mirada.
Vaso de resonancias y de estrellas cautivas.
Estoy cansado: todas las hojas caen, mueren.
Caen, mueren los pájaros. Caen, mueren las vidas.
Cansado, estoy cansado. Ven, anhélame, víbrame.
Oh, mi pobre ilusión, mi guirnalda encendida!
El ansia cae, muere. Cae, muere el deseo.
Caen, mueren las llamas en la noche infinita.

Fogonazo de luces, paloma de gredas rubias,
líbrame de esta noche que acosa y aniquila.

Sumérgeme en tu nido de vértigo y caricia.
Anhélame, retiéneme.
La embriaguez a la sombra florida de tus ojos,
las caídas, los triunfos, los saltos de la fiebre.
Ámame, ámame, ámame.
De pie te grito! Quiéreme.
Rompo mi voz gritándote y hago horarios de fuego
en la noche preñada de estrellas y lebreles.
Rompo mi voz y grito. Mujer, ámame, anhélame.
Mi voz arde en los vientos, mi voz que cae y muere.

Cansado. Estoy cansado. Huye. Aléjate. Extínguete.
No aprisiones mi estéril cabeza entre tus manos.

Que me crucen la frente los látigos del hielo.
Que mi inquietud se azote con los vientos atlánticos.
Huye. Aléjate. Extínguete. Mi alma debe estar sola.
Debe crucificarse, hacerse astillas, rodar,
vertirse, contaminarse sola,
abierta a la marea de los llantos,
ardiendo en el ciclón de las furias,
erguida entre los cerros y los pájaros,
aniquilarse, exterminarse sola,
abandonada y única como un faro de espanto.

AMIGA, NO TE MUERAS...

AMIGA, no te mueras.
Óyeme estas palabras que me salen ardiendo,
y que nadie diría si yo no las dijera.

Amiga, no te mueras.

Yo soy el que te espera en la estrellada noche.
El que bajo el sangriento sol poniente te espera.

Miro caer los frutos en la tierra sombría.
Miro bailar las gotas del rocío en las hierbas.

En la noche al espeso perfume de las rosas,
cuando danza la ronda de las sombras inmensas.

Bajo el cielo del Sur, el que te espera cuando
el aire de la tarde como una boca besa.

Amiga, no te mueras.

Yo soy el que cortó las guirnaldas rebeldes
para el lecho selvático fragante a sol y a selva.
El que trajo en los brazos jacintos amarillos.
Y rosas desgarradas. Y amapolas sangrientas.

El que cruzó los brazos por esperarte, ahora.
El que quebró sus arcos. El que dobló sus flechas.

Yo soy el que en los labios guarda sabor de uvas.
Racimos refregados. Mordeduras bermejas.

El que te llama desde las llanuras brotadas.
Yo soy el que en la hora del amor te desea.

El aire de la tarde cimbra las ramas altas.
Ebrio, mi corazón, bajo Dios, tambalea.

El río desatado rompe a llorar y a veces
se adelgaza su voz y se hace pura y trémula.

Retumba, atardecida, la queja azul del agua.
Amiga, no te mueras!

Yo soy el que te espera en la estrellada noche,
sobre las playas áureas, sobre las rubias eras.

El que cortó jacintos para tu lecho, y rosas.
Tendido entre las hierbas yo soy el que te espera!

LLÉNATE DE MÍ

Llénate de mí.
Ansíame, agótame, viérteme, sacrifícame.

Pídeme. Recógeme, contiéneme, ocúltame.
Quiero ser de alguien, quiero ser tuyo, es tu hora.
Soy el que pasó saltando sobre las cosas,
el fugante, el doliente.

Pero siento tu hora,
la hora de que mi vida gotee sobre tu alma,
la hora de las ternuras que no derramé nunca,
la hora de los silencios que no tienen palabras,
tu hora, alba de sangre que me nutrió de angustias,
tu hora, medianoche que me fue solitaria.

Libértame de mí. Quiero salir de mi alma.
Yo soy esto que gime, esto que arde, esto que sufre.
Yo soy esto que ataca, esto que aúlla, esto que canta.
No, no quiero ser esto.
Ayúdame a romper estas puertas inmensas.
Con tus hombros de seda desentierra estas anclas.
Así crucificaron mi dolor una tarde.

Quiero no tener límites y alzarme hacia aquel astro.
Mi corazón no debe callar hoy o mañana.
Debe participar de lo que toca,
debe ser de metales, de raíces, de alas.
No puedo ser la piedra que se alza y que no vuelve,
no puedo ser la sombra que se deshace y pasa.

No, no puede ser, no puede ser, no puede ser.
Entonces gritaría, lloraría, gemiría.
No puede ser, no puede ser.
Quién iba a romper esta vibración de mis alas?
Quién iba a exterminarme? Qué designio, qué palabra?
No puede ser, no puede ser, no puede ser.
Libértame de mí. Quiero salir de mi alma.

Porque tú eres mi ruta. Te forjé en lucha viva.
De mi pelea oscura contra mí mismo, fuiste.

Tienes de mí ese sello de avidez no saciada.
Desde que yo los miro tus ojos son más tristes.
Vamos juntos. Rompamos este camino juntos.
Seré la ruta tuya. Pasa. Déjame irme.
Ansíame, agótame, viérteme, sacrifícame.
Haz tambalear los cercos de mis últimos límites.

Y que yo pueda, al fin, correr en fuga loca,
inundando las tierras como un río terrible,
desatando estos nudos, ah Dios mío, estos nudos,
destrozando,
quemando,
arrasando
como una lava loca lo que existe,
correr fuera de mí mismo, perdidamente,
libre de mí, furiosamente libre.
Irme,
Dios mío,
irme!

RESIDENCIA
EN LA TIERRA, I

(1933)

SABOR

De falsas astrologías, de costumbres un tanto lúgubres,
vertidas en lo inacabable y siempre llevadas al lado,
he conservado una tendencia, un sabor solitario.

De conversaciones gastadas como usadas maderas,
con humildad de sillas, con palabras ocupadas
en servir como esclavos de voluntad secundaria,
teniendo esa consistencia de la leche, de las semanas
   muertas,
del aire encadenado sobre las ciudades.

Quién puede jactarse de paciencia más sólida?
La cordura me envuelve de piel compacta
de un color reunido como una culebra:
mis criaturas nacen de un largo rechazo:
ay, con un solo alcohol puedo despedir este día
que he elegido, igual entre los días terrestres.

Vivo lleno de una substancia de color común, silenciosa
como una vieja madre, una paciencia fija
como sombra de iglesia o reposo de huesos.
Voy lleno de esas aguas dispuestas profundamente,
preparadas, durmiéndose en una atención triste.

En mi interior de guitarra hay un aire viejo,
seco y sonoro, permanecido, inmóvil,
como una nutrición fiel, como humo:

un elemento en descanso, un aceite vivo:
un pájaro de rigor cuida mi cabeza:
un ángel invariable vive en mi espada.

ARTE POÉTICA

Entre sombra y espacio, entre guarniciones y
    doncellas,
dotado de corazón singular y sueños funestos,
precipitadamente pálido, marchito en la frente
y con luto de viudo furioso por cada día de vida,
ay, para cada agua invisible que bebo soñolientamente
y de todo sonido que acojo temblando,
tengo la misma sed ausente y la misma fiebre fría
un oído que nace, una angustia indirecta,
como si llegaran ladrones o fantasmas,
y en una cáscara de extensión fija y profunda,
como un camarero humillado, como una campana un
    poco ronca,
como un espejo viejo, como un olor de casa sola
en la que los huéspedes entran de noche perdidamente
    ebrios,
y hay un olor de ropa tirada al suelo, y una ausencia
    de flores
—posiblemente de otro modo aún menos melancólico—,
pero, la verdad, de pronto, el viento que azota mi
    pecho,
las noches de substancia infinita caídas en mi
    dormitorio,
el ruido de un día que arde con sacrificio
me piden lo profético que hay en mí, con melancolía
y un golpe de objetos que llaman sin ser respondidos
hay, y un movimiento sin tregua, y un nombre confuso.

LA NOCHE DEL SOLDADO

Yo hago la noche del soldado, el tiempo del hombre sin melancolía ni exterminio, del tipo tirado lejos por el océano y una ola, y que no sabe que el agua amarga lo ha separado y que envejece, paulatinamente y sin miedo, dedicado a lo normal de la vida, sin cataclismos, sin ausencias, viviendo dentro de su piel y de su traje, sinceramente oscuro. Así, pues, me veo con camaradas estúpidos y alegres, que fuman y escupen y horrendamente beben, y que de repente caen enfermos de muerte. Porque, ¿dónde están la tía, la novia, la suegra, la cuñada del soldado? Tal vez de ostracismo o de malaria mueren, se ponen fríos, amarillos, y emigran a un astro de hielo, a un planeta fresco, a descansar, al fin, entre muchachas y frutas glaciales, y sus cadáveres, sus pobres cadáveres de fuego, irán custodiados por ángeles alabastrinos a dormir lejos de la llama y la ceniza.

Por cada día que cae, con su obligación vesperal de sucumbir, paseo, haciendo una guardia innecesaria, y paso entre mercaderes mahometanos, entre gentes que adoran la vaca y la cobra, paso yo, inadorable y común de rostro. Los meses no son inalterables, y a veces llueve: cae, del calor del cielo, una impregnación callada como el sudor, y sobre los grandes vegetales, sobre el lomo de las bestias feroces, a lo largo de cierto silencio, estas plumas húmedas se entretejen y alargan. Aguas de la noche, lágrimas del viento monzón, saliva salada caída como la espuma del caballo, y lenta de aumento, pobre de picadura atónita de vuelo.

Ahora, ¿dónde está esa curiosidad profesional, esa ternura abatida que sólo con su reposo abría brecha, esa conciencia resplandeciente cuyo destello me vestía de ultraazul? Voy respirando como hijo hasta el corazón de un método obligatorio, de una tenaz paciencia física, resultado de alimentos y edad acumulados cada día, despojado de mi vestuario de venganza y de mi piel de oro. Horas de una sola estación ruedan a mis pies, y un día de formas diurnas y nocturnas está casi siempre detenido sobre mí.

Entonces, de cuando en cuando, visito muchachas de ojos y caderas jóvenes, seres en cuyo peinado brilla una flor amarilla como el relámpago. Ellas llevan anillos en cada dedo del pie, y brazaletes, y ajorcas en los tobillos, y además, collares de color, collares que retiro y examino, porque yo quiero sorprenderme ante un cuerpo ininterrumpido y compacto, y no mitigar mi beso. Yo peso con mis brazos cada nueva estatua, y bebo su remedio vivo con sed masculina y en silencio. Tendido, mirando desde abajo la fugitiva criatura, trepando por su ser desnudo hasta su sonrisa: gigantesca y triangular hacia arriba, levantada en el aire por dos senos globales, fijos ante mis ojos como dos lámparas con luz de aceite blanco y dulces energías. Yo me encomiendo a su estrella morena, a su calidez de piel, e inmóvil bajo mi pecho como un adversario desgraciado, de miembros demasiado espesos y débiles, de ondulación indefensa: o bien girando sobre sí misma como una rueda pálida, dividida de aspas y dedos, rápida, profunda, circular, como una estrella en desorden.

Ay, de cada noche que sucede, hay algo de brasa abandonada que se gasta sola, y cae envuelta en ruinas, en medio de cosas funerales. Yo asisto comúnmente a esos términos, cubierto de armas inútiles, lleno de objeciones destruidas. Guardo la ropa y los huesos levemente impregnados de esa materia seminocturna: es un polvo temporal que se me va uniendo, y el dios de la substitución vela a veces a mi lado, respirando tenazmente, levantando la espada.

TANGO DEL VIUDO

Oh Maligna, ya habrás hallado la carta, ya habrás llorado de furia,
y habrás insultado el recuerdo de mi madre
llamándola perra podrida y madre de perros,
ya habrás bebido sola, solitaria, el té del atardecer
mirando mis viejos zapatos vacíos para siempre
y ya no podrás recordar mis enfermedades, mis sueños nocturnos, mis comidas,
sin maldecirme en voz alta como si estuviera allí aún
quejándome del trópico de los *coolíes corringhis*,
de las venenosas fiebres que me hicieron tanto daño
y de los espantosos ingleses que odio todavía.

Maligna, la verdad, qué noche tan grande, qué tierra tan sola!
He llegado otra vez a los dormitorios solitarios,
a almorzar en los restaurantes comida fría, y otra vez
tiro al suelo los pantalones y las camisas,
no hay perchas en mi habitación, ni retratos de nadie en las paredes.
Cuánta sombra de la que hay en mi alma daría por recobrarte,
y qué amenazadores me parecen los nombres de los meses,
y la palabra invierno qué sonido de tambor lúgubre tiene.

Enterrado junto al cocotero hallarás más tarde
el cuchillo que escondí allí por temor de que me mataras,
y ahora repentinamente quisiera oler su acero de cocina
acostumbrado al peso de tu mano y al brillo de tu pie:
bajo la humedad de la tierra, entre las sordas raíces,

de los lenguajes humanos el pobre sólo sabría tu
  nombre,
y la espesa tierra no comprende tu nombre
hecho de impenetrables substancias divinas.

Así como me aflige pensar en el claro día de tus piernas
recostadas como detenidas y duras aguas solares,
y la golondrina que durmiendo y volando vive en tus
  ojos,
y el perro de furia que asilas en el corazón,
así también veo las muertes que están entre nosotros
  desde ahora,
y respiro en el aire la ceniza y lo destruido,
el largo, solitario espacio que me rodea para siempre.

Daría este viento del mar gigante por tu brusca
  respiración
oída en largas noches sin mezcla de olvido,
uniéndose a la atmósfera como el látigo a la piel del
  caballo.
Y por oírte orinar, en la oscuridad, en el fondo de la
  casa,
como vertiendo una miel delgada, trémula, argentina,
  obstinada,
cuántas veces entregaría este coro de sombras que poseo,
y el ruido de espadas inútiles que se oye en mi alma,
y la paloma de sangre que está solitaria en mi frente
llamando cosas desaparecidas, seres desaparecidos,
substancias extrañamente inseparables y perdidas.

RESIDENCIA
EN LA TIERRA, II

(1935)

BARCAROLA

Si solamente me tocaras el corazón,
si solamente pusieras tu boca en mi corazón,
tu fina boca, tus dientes,
si pusieras tu lengua como una flecha roja
allí donde mi corazón polvoriento golpea,
si soplaras en mi corazón, cerca del mar, llorando,
sonaría con un ruido oscuro, con sonido de ruedas
   de tren con sueño,
como aguas vacilantes,
como el otoño en hojas,
como sangre,
con un ruido de llamas húmedas quemando el cielo,
sonando como sueños o ramas o lluvias,
o bocinas de puerto triste,
si tú soplaras en mi corazón cerca del mar,
como un fantasma blanco,
al borde de la espuma,
en mitad del viento,
como un fantasma desencadenado, a la orilla del mar,
   llorando.

Como ausencia extendida, como campana súbita,
el mar reparte el sonido del corazón,
lloviendo, atardeciendo, en una costa sola:
la noche cae sin duda,
y su lúgubre azul de estandarte en naufragio
se puebla de planetas de plata enronquecida.

Y suena el corazón como un caracol agrio,
llama, oh mar, oh lamento, oh derretido espanto
esparcido en desgracias y olas desvencijadas:
de lo sonoro el mar acusa
sus sombras recostadas, sus amapolas verdes.

Si existieras de pronto, en una costa lúgubre,
rodeada por el día muerto,
frente a una nueva noche,
llena de olas,
y soplaras en mi corazón de miedo frío,
soplaras en la sangre sola de mi corazón,
soplaras en su movimiento de paloma con llamas,
sonarían sus negras sílabas de sangre,
crecerían sus incesantes aguas rojas,
y sonaría, sonaría a sombras,
sonaría como la muerte,
llamaría como un tubo lleno de viento o llanto,
o una botella echando espanto a borbotones.

Así es, y los relámpagos cubrirían tus trenzas
y la lluvia entraría por tus ojos abiertos
a preparar el llanto que sordamente encierras,
y las alas negras del mar girarían en torno
de ti, con grandes garras, y graznidos, y vuelos.

Quieres ser el fantasma que sople, solitario,
cerca del mar su estéril, triste instrumento?
Si solamente llamaras,
su prolongado son, su maléfico pito,
su orden de olas heridas,
alguien vendría acaso,
alguien vendría,
desde las cimas de las islas, desde el fondo rojo del mar,
alguien vendría, alguien vendría.

Alguien vendría, sopla con furia,

que suene como sirena de barco roto,
como lamento,
como un relincho en medio de la espuma y la sangre,
como un agua feroz mordiéndose y sonando.

En la estación marina
su caracol de sombra circula como un grito,
los pájaros del mar lo desestiman y huyen,
sus listas de sonido, sus lúgubres barrotes
se levantan a orillas del océano solo.

WALKING AROUND

Sucede que me canso de ser hombre.
Sucede que entro en las sastrerías y en los cines
marchito, impenetrable, como un cisne de fieltro
navegando en un agua de origen y ceniza.

El olor de las peluquerías me hace llorar a gritos.
Sólo quiero un descanso de piedras o de lana,
sólo quiero no ver establecimientos ni jardines,
ni mercaderías, ni anteojos, ni ascensores.

Sucede que me canso de mis pies y mis uñas
y mi pelo y mi sombra.
Sucede que me canso de ser hombre.

Sin embargo sería delicioso
asustar a un notario con un lirio cortado
o dar muerte a una monja con un golpe de oreja.
Sería bello

ir por las calles con un cuchillo verde
y dando gritos hasta morir de frío.

No quiero seguir siendo raíz en las tinieblas,
vacilante, extendido, tiritando de sueño,
hacia abajo, en las tripas mojadas de la tierra,
absorbiendo y pensando, comiendo cada día.

No quiero para mí tantas desgracias.
No quiero continuar de raíz y de tumba,
de subterráneo solo, de bodega con muertos
ateridos, muriéndome de pena.

Por eso el día lunes arde como el petróleo
cuando me ve llegar con mi cara de cárcel,
y aúlla en su transcurso como una rueda herida,
y da pasos de sangre caliente hacia la noche.

Y me empuja a ciertos rincones, a ciertas casas húmedas,
a hospitales donde los huesos salen por la ventana,
a ciertas zapaterías con olor a vinagre,
a calles espantosas como grietas.

Hay pájaros de color de azufre y horribles intestinos
colgando de las puertas de las casas que odio,
hay dentaduras olvidadas en una cafetera,
hay espejos
que debieran haber llorado de vergüenza y espanto,
hay paraguas en todas partes, y venenos, y ombligos.

Yo paseo con calma, con ojos, con zapatos,
con furia, con olvido,
paso, cruzo oficinas y tiendas de ortopedia,
y patios donde hay ropas colgadas de un alambre:
calzoncillos, toallas y camisas que lloran
lentas lágrimas sucias.

ENTRADA A LA MADERA

Con mi razón apenas, con mis dedos,
con lentas aguas lentas inundadas,
caigo al imperio de los nomeolvides,
a una tenaz atmósfera de luto,
a una olvidada sala decaída,
a un racimo de tréboles amargos.

Caigo en la sombra, en medio
de destruidas cosas,
y miro arañas, y apaciento bosques
de secretas maderas inconclusas,
y ando entre húmedas fibras arrancadas
al vivo ser de substancia y silencio.

Dulce materia, oh rosa de alas secas,
en mi hundimiento tus pétalos subo
con pies pesados de roja fatiga,
y en tu catedral dura me arrodillo
golpeándome los labios con un ángel.

Es que soy yo ante tu color de mundo,
ante tus pálidas espadas muertas,
ante tus corazones reunidos,
ante tu silenciosa multitud.

Soy yo ante tu ola de olores muriendo,
envueltos en otoño y resistencia:
soy yo emprendiendo un viaje funerario
entre sus cicatrices amarillas:

soy yo con mis lamentos sin origen,
sin alimentos, desvelado, solo,
entrando oscurecidos corredores,
llegando a tu materia misteriosa.

Veo moverse tus corrientes secas,
veo crecer manos interrumpidas,
oigo tus vegetales oceánicos
crujir de noche y furia sacudidos,
y siento morir hojas hacia adentro,
incorporando materiales verdes
a tu inmovilidad desamparada.

Poros, vetas, círculos de dulzura,
peso, temperatura silenciosa,
flechas pegadas a tu alma caída,
seres dormidos en tu boca espesa,
polvo de dulce pulpa consumida,
ceniza llena de apagadas almas,
venid a mí, a mi sueño sin medida,
caed en mi alcoba en que la noche cae
y cae sin cesar como agua rota,
y a vuestra vida, a vuestra muerte asidme,
a vuestros materiales sometidos,
a vuestras muertas palomas neutrales,
y hagamos fuego, y silencio, y sonido,
y ardamos, y callemos, y campanas.

NO HAY OLVIDO (SONATA)

Si me preguntáis en dónde he estado
debo decir "Sucede".
Debo de hablar del suelo que oscurecen las piedras,
del río que durando se destruye:
no sé sino las cosas que los pájaros pierden,
el mar dejado atrás, o mi hermana llorando.
Por qué tantas regiones, por qué un día

se junta con un día? Por qué una negra noche
se acumula en la boca? Por qué muertos?
Si me preguntáis de dónde vengo, tengo que conversar
   con cosas rotas,
con utensilios demasiado amargos,
con grandes bestias a menudo podridas
y con mi acongojado corazón.

No son recuerdos los que se han cruzado
ni es la paloma amarillenta que duerme en el olvido,
sino caras con lágrimas.
dedos en la garganta,
y lo que se desploma de las hojas:
la oscuridad de un día transcurrido,
de un día alimentado con nuestra triste sangre.

He aquí violetas, golondrinas,
todo cuanto nos gusta y aparece
en las dulces tarjetas de larga cola
por donde se pasean el tiempo y la dulzura.

Pero no penetremos más allá de esos dientes,
no mordamos las cáscaras que el silencio acumula,
porque no sé qué contestar:
hay tantos muertos,
y tantos malecones que el sol rojo partía,
y tantas cabezas que golpean los buques,
y tantas manos que han encerrado besos,
y tantas cosas que quiero olvidar.

TERCERA RESIDENCIA

(1947)

NACIENDO EN LOS BOSQUES

Cuando el arroz retira de la tierra
los granos de su harina,
cuando el trigo endurece sus pequeñas caderas y levanta
   su rostro de mil manos,
a la enramada donde la mujer y el hombre se enlazan,
   acudo,
para tocar el mar innumerable
de lo que continúa.

Yo no soy hermano del utensilio llevado en la marea
como en una cuna de nácar combatido:
no tiemblo en la comarca de los agonizantes despojos,
no despierto en el golpe de las tinieblas asustadas
por el ronco pecíolo de la campana repentina,
no puede ser, no soy el pasajero
bajo cuyos zapatos los últimos reductos del viento
   palpitan
y rígidas retornan las olas del tiempo a morir.

Llevo en mi mano la paloma que duerme reclinada
   en la semilla
y en su fermento espeso de cal y sangre
vive agosto,
vive el mes extraído de su copa profunda:
con mi mano rodeo la nueva sombra del ala que crece:
la raíz y la pluma que mañana formarán la espesura.

Nunca declina, ni junto al balcón de manos de hierro

ni en el invierno marítmo de los abandonados, ni en
mi paso tardío,
el crecimiento inmenso de la gota, ni el párpado que
   quiere ser abierto:
porque para nacer he nacido, para encerrar el paso
de cuanto se aproxima, de cuanto a mi pecho golpea
   como un nuevo corazón tembloroso.

Vidas recostadas junto a mi traje como palomas
   paralelas,
o contenidas en mi propia existencia y en mi
   desordenado sonido
para volver a ser, para incautar el aire desnudo de
   la hoja
y el nacimiento húmedo de la tierra en la guirnalda:
   hasta cuándo
debo volver y ser, hasta cuándo el olor
de las más enterradas flores, de las olas más trituradas
sobre las altas piedras, guardan en mí su patria
para volver a ser furia y perfume?

Hasta cuándo la mano del bosque en la lluvia
me avecina con todas sus agujas
para tejer los altos besos del follaje?
                                                      Otra vez
escucho aproximarse como el fuego en el humo,
nacer de la ceniza terrestre,
la luz llena de pétalos,
                        y apartando la tierra
en un río de espigas llega el sol a mi boca
como una vieja lágrima enterrada que vuelve a ser
   semilla.

ESPAÑA EN EL CORAZÓN

EXPLICO ALGUNAS COSAS

Preguntaréis: Y dónde están las lilas?
Y la metafísica cubierta de amapolas?
Y la lluvia que a menudo golpeaba
sus palabras llenándolas
de agujeros y pájaros?

Os voy a contar todo lo que me pasa.

Yo vivía en un barrio
de Madrid, con campanas,
con relojes, con árboles.

Desde allí se veía
el rostro seco de Castilla
como un océano de cuero.
                    Mi casa era llamada
la casa de las flores, porque por todas partes
estallaban geranios: era
una bella casa
con perros y chiquillos.
                    Raúl, te acuerdas?
Te acuerdas, Rafael?
                    Federico, te acuerdas
debajo de la tierra,
te acuerdas de mi casa con balcones en donde
la luz de junio ahogaba flores en tu boca?
                    Hermano, hermano!
Todo
eran grandes voces, sal de mercaderías,
aglomeraciones de pan palpitante,
mercados de mi barrio de Argüelles con su estatua
como un tintero pálido entre las merluzas:
el aceite llegaba a las cucharas,

un profundo latido
de pies y manos llenaba las calles,
metros, litros, esencia
aguda de la vida,
                    pescados hacinados,
contextura de techos con sol frío en el cual
la flecha se fatiga,
delirante marfil fino de las patatas,
tomates repetidos hasta el mar.

Y una mañana todo estaba ardiendo,
y una mañana las hogueras
salían de la tierra
devorando seres,
y desde entonces fuego,
pólvora desde entonces,
y desde entonces sangre.
Bandidos con aviones y con moros,
bandidos con sortijas y duquesas,
bandidos con frailes negros bendiciendo
venían por el cielo a matar niños,
y por las calles la sangre de los niños
corría simplemente, como sangre de niños.

Chacales que el chacal rechazaría,
piedras que el cardo seco mordería escupiendo,
víboras que las víboras odiaran!

Frente a vosotros he visto la sangre
de España levantarse
para ahogaros en una sola ola
de orgullo y de cuchillos!

Generales
traidores:
mirad mi casa muerta,
mirad España rota:
pero de cada casa muerta sale metal ardiendo

en vez de flores,
pero de cada hueco de España
sale España,
pero de cada niño muerto sale un fusil con ojos,
pero de cada crimen nacen balas
que os hallarán un día el sitio
del corazón.

Preguntaréis por qué su poesía
no nos habla del sueño, de las hojas,
de los grandes volcanes de su país natal?

Venid a ver la sangre por las calles.
venid a ver
la sangre por las calles,
venid a ver la sangre
por las calles!

CANTO SOBRE UNAS RUINAS

Esto que fue creado y dominado,
esto que fue humedecido, usado, visto,
yace —pobre pañuelo— entre las olas
de tierra y negro azufre.

               Como el botón o el pecho
se levantan al cielo, como la flor que sube
desde el hueso destruido, así las formas
del mundo aparecieron. Oh párpados,
oh columnas, oh escalas!

               Oh profundas materias
agregadas y puras: cuánto hasta ser campanas!
cuánto hasta ser relojes! Aluminio
de azules proporciones, cemento
pegado al sueño de los seres!

               El polvo se congrega,

la goma, el lodo, los objetos crecen
y las paredes se levantan
como parras de oscura piel humana.
                    Allí dentro en blanco, en cobre,
en fuego, en abandono, los papeles crecían,
el llanto abominable, las prescripciones
llevadas en la noche a la farmacia mientras
alguien con fiebre,
la seca sien mental, la puerta
que el hombre ha construido
para no abrir jamás.
                    Todo ha ido y caído
brutalmente marchito.
                    Utensilios heridos, telas
nocturnas, espuma sucia, orines justamente
vertidos, mejillas, vidrio, lana,
alcanfor, círculos de hilo y cuero, todo,
todo por una rueda vuelto al polvo,
al desorganizado sueño de los metales,
todo el perfume, todo lo fascinado,
todo reunido en nada, todo caído
para no nacer nunca.
                    Sed celeste, palomas
con cintura de harina: épocas
de polen y racimo, ved cómo
la madera se destroza
hasta llegar al luto: no hay raíces
para el hombre: todo descansa apenas
sobre un temblor de lluvia.
                    Ved cómo se ha podrido
la guitarra en la boca de la fragante novia:
ved cómo las palabras que tanto construyeron,
ahora son exterminio: mirad sobre la cal y entre el
    mármol deshecho
la huella —ya con musgos— del sollozo.

UN CANTO PARA BOLÍVAR

PADRE nuestro que estás en la tierra, en el agua, en
    el aire
de toda nuestra extensa latitud silenciosa,
todo lleva tu nombre, padre, en nuestra morada:
tu apellido la caña levanta a la dulzura,
el estaño bolívar tiene un fulgor bolívar,
el pájaro bolívar sobre el volcán bolívar,
la patata, el salitre, las sombras especiales,
las corrientes, las vetas de fosfórica piedra,
todo lo nuestro viene de tu vida apagada,
tu herencia fueron ríos, llanuras, campanarios,
tu herencia es el pan nuestro de cada día, padre.

Tu pequeño cadáver de capitán valiente
ha extendido en lo inmenso su metálica forma,
de pronto salen dedos tuyos entre la nieve
y el austral pescador saca a la luz de pronto
tu sonrisa, tu voz palpitando en las redes.

De qué color la rosa que junto a tu alma alcemos?
Roja será la rosa que recuerde tu paso.
Cómo serán las manos que toquen tu ceniza?
Rojas serán las manos que en tu ceniza nacen.
Y cómo es la semilla de tu corazón muerto?
Es roja la semilla de tu corazón vivo.

Por eso es hoy la ronda de manos junto a ti.
Junto a mi mano hay otra y hay otra junto a ella,
y otra más, hasta el fondo del continente oscuro.
Y otra mano que tú no conociste entonces
viene también, Bolívar, a estrechar a la tuya:
de Teruel, de Madrid, del Jarama, del Ebro,
de la cárcel, del aire, de los muertos de España
llega esta mano roja que es hija de la tuya.

Capitán, combatiente, donde una boca
grita libertad, donde un oído escucha,
donde un soldado rojo rompe una frente parda,
donde un laurel de libres brota, donde una nueva
bandera se adorna con la sangre de nuestra insigne
   aurora,
Bolívar, capitán, se divisa tu rostro.
Otra vez entre pólvora y humo tu espada está naciendo.
Otra vez tu bandera con sangre se ha bordado.
Los malvados atacan tu semilla de nuevo,
clavado en otra cruz está el hijo del hombre.

Pero hacia la esperanza nos conduce tu sombra,
el laurel y la luz de tu ejército rojo
a través de la noche de América con tu mirada mira.
Tus ojos que vigilan más allá de los mares,
más allá de los pueblos oprimidos y heridos,
más allá de las negras ciudades incendiadas,
tu voz nace de nuevo, tu mano otra vez nace:
tu ejército defiende las banderas sagradas:
la Libertad sacude las campanas sangrientas,
y un sonido terrible de dolores precede
la aurora enrojecida por la sangre del hombre.
Libertador, un mundo de paz nació en tus brazos.
La paz, el pan, el trigo de tu sangre nacieron,
de nuestra joven sangre venida de tu sangre
saldrán paz, pan y trigo para el mundo que haremos.

Yo conocí a Bolívar una mañana larga,
en Madrid, en la boca del Quinto Regimiento,
Padre, le dije, eres o no eres o quién eres?
Y mirando el Cuartel de la Montaña, dijo:
"Despierto cada cien años cuando despierta el pueblo".

CANTO GENERAL

(1950)

AMOR AMÉRICA (1400)

Antes de la peluca y la casaca
fueron los ríos, ríos arteriales:
fueron las cordilleras, en cuya onda raída
el cóndor o la nieve parecían inmóviles:
fue la humedad y la espesura, el trueno
sin nombre todavía, las pampas planetarias.

El hombre tierra fue, vasija, párpado
del barro trémulo, forma de la arcilla,
fue cántaro caribe, piedra chibcha,
copa imperial o sílice araucana.
Tierno y sangriento fue, pero en la empuñadura
de su arma de cristal humedecido
las iniciales de la tierra estaban
escritas.
          Nadie pudo
recordarlas después: el viento
las olvidó, el idioma del agua
fue enterrado, las claves se perdieron
o se inundaron de silencio o sangre.

No se perdió la vida, hermanos pastorales.
Pero como una rosa salvaje
cayó una gota roja en la espesura
y se apagó una lámpara de tierra.

Yo estoy aquí para contar la historia.
Desde la paz del búfalo

hasta las azotadas arenas
de la tierra final, en las espumas
acumuladas de la luz antártica,
y por las madrigueras despeñadas
de la sombría paz venezolana,
te busqué, padre mío,
joven guerrero de tiniebla y cobre,
oh tú, planta nupcial, cabellera indomable,
madre caimán, metálica paloma.

Yo, incásico del légamo,
toqué la piedra y dije:
Quién
me espera? Y apreté la mano
sobre un puñado de cristal vacío.
Pero anduve entre flores zapotecas
y dulce era la luz como un venado,
y era la sombra como un párpado verde.

Tierra mía sin nombre, sin América,
estambre equinoccial, lanza de púrpura,
tu aroma me trepó por las raíces
hasta la copa que bebía, hasta la más delgada
palabra aún no nacida de mi boca.

ALTURAS DE MACCHU PICCHU

I

D<small>EL</small> aire al aire, como una red vacía,
iba yo entre las calles y la atmósfera, llegando y
   despidiendo,

en el advenimiento del otoño la moneda extendida
de las hojas, y entre la primavera y las espigas,
lo que el más grande amor, como dentro de un guante
que cae, nos entrega como una larga luna.

(Días de fulgor vivo en la intemperie
de los cuerpos: aceros convertidos
al silencio del ácido:
noches deshilachadas hasta la última harina:
estambres agredidos de la patria nupcial.)

Alguien que me esperó entre los violines
encontró un mundo como una torre enterrada
hundiendo su espiral más abajo de todas
las hojas de color de ronco azufre:
más abajo, en el oro de la geología,
como una espada envuelta en meteoros,
hundí la mano turbulenta y dulce
en lo más genital de lo terrestre.

Puse la frente entre las olas profundas,
descendí como gota entre la paz sulfúrica,
y, como un ciego, regresé al jazmín
de la gastada primavera humana.

II

Sɪ la flor a la flor entrega el alto germen
y la roca mantiene su flor diseminada
en su golpeado traje de diamante y arena,
el hombre arruga el pétalo de la luz que recoge
en los determinados manantiales marinos
y taladra el metal palpitante en sus manos.
Y pronto, entre la ropa y el humo, sobre la mesa
   hundida,

como una barajada cantidad, queda el alma:
cuarzo y desvelo, lágrimas en el océano
como estanques de frío: pero aún
mátala y agonízala con papel y con odio,
sumérgela en la alfombra cotidiana, desgárrala
entre las vestiduras hostiles del alambre.

No: por los corredores, aire, mar o caminos,
quién guarda sin puñal (como las encarnadas
amapolas) su sangre? La cólera ha extenuado
la triste mercancía del vendedor de seres,
y, mientras en la altura del ciruelo, el rocío
desde mil años deja su carta transparente
sobre la misma rama que lo espera, oh corazón,
   oh frente triturada
entre las cavidades del otoño.

Cuántas veces en las calles de invierno de una
   ciudad o en
un autobús o un barco en el crepúsculo, o en la soledad
más espesa, la de la noche de fiesta, bajo el sonido
de sombras y campanas, en la misma gruta del placer
   humano,
me quise detener a buscar la eterna veta insondable
que antes toqué en la piedra o en el relámpago que el
   beso desprendía.

(Lo que en el cereal como una historia amarilla
de pequeños pechos preñados va repitiendo un número
que sin cesar es ternura en las capas germinales,
y que, idéntica siempre, se desgrana en marfil
y lo que en el agua es patria transparente, campana
desde la nieve aislada hasta las olas sangrientas.)

No pude asir sino un racimo de rostros o de máscaras
precipitadas, como anillos de oro vacío,
como ropas dispersas hijas de un otoño rabioso

que hiciera temblar el miserable árbol de las razas
   asustadas.
No tuve sitio donde descansar la mano
y que, corriente como agua de manantial encadenado,
o firme como grumo de antracita o cristal,
hubiera devuelto el calor o el frío de mi mano
   extendida.
Qué era el hombre? En qué parte de su conversación
   abierta
entre los almacenes y los silbidos, en cuál de sus
   movimientos metálicos
vivía lo indestructible, lo imperecedero, la vida?

III

EL ser como el maíz se desgranaba en el inacabable
granero de los hechos perdidos, de los acontecimientos
miserables, del uno al siete, al ocho,
y no una muerte, sino muchas muertes llegaba a
   cada uno:
cada día una muerte pequeña, polvo, gusano, lámpara
que se apaga en el lodo del suburbio, una pequeña
   muerte de alas gruesas
entraba en cada hombre como una corta lanza
y era el hombre asediado del pan o del cuchillo,
el ganadero: el hijo de los puertos, o el capitán oscuro
   del arado,
o el roedor de las calles espesas:
todos desfallecieron esperando su muerte, su corta
   muerte diaria:
y su quebranto aciago de cada día era
como una copa negra que bebían temblando.

IV

La poderosa muerte me invitó muchas veces:
era como la sal invisible en las olas,
y lo que su invisible sabor diseminaba
era como mitades de hundimientos y altura
o vastas construcciones de viento y ventisquero.

Yo al férreo filo vine, a la angostura
del aire, a la mortaja de agricultura y piedra,
al estelar vacío de los pasos finales
y a la vertiginosa carretera espiral:
pero, ancho mar, oh muerte!, de ola en ola no vienes,
sino como un galope de claridad nocturna
o como los totales números de la noche.

Nunca llegaste a hurgar en el bolsillo, no era
posible tu visita sin vestimenta roja:
sin auroral alfombra de cercado silencio:
sin altos y enterrados patrimonios de lágrimas.

no pude amar en cada ser un árbol
con su pequeño otoño a cuestas (la muerte de mil
    hojas),
todas las falsas muertes y las resurrecciones
sin tierra, sin abismo:
quise nadar en las más anchas vidas,
en las más sueltas desembocaduras,
y cuando poco a poco el hombre fue negándome
y fue cerrando paso y puerta para que no tocaran
mis manos manantiales su inexistencia herida,
entonces fui por calle y calle y río y río,
y ciudad y ciudad y cama y cama,
y atravesó el desierto mi máscara salobre,
y en las últimas casas humilladas, sin lámpara, sin fuego,
sin pan, sin piedra, sin silencio, solo,
rodé muriendo de mi propia muerte.

V

No eras tú, muerte grave, ave de plumas férreas,
la que el pobre heredero de las habitaciones
llevaba entre alimentos apresurados, bajo la piel vacía:
era algo, un pobre pétalo de cuerda exterminada:
un átomo del pecho que no vino al combate
o el áspero rocío que no cayó en la frente.
Era lo que no pudo renacer, un pedazo
de la pequeña muerte sin paz ni territorio:
un hueso, una campana que morían en él.
Yo levanté las vendas del yodo, hundí las manos
en los pobres dolores que mataban la muerte,
y no encontré en la herida sino una racha fría
que entraba por los vagos intersticios del alma.

VI

Entonces en la escala de la tierra he subido
entre la atroz maraña de las selvas perdidas
hasta ti, Macchu Picchu.
Alta ciudad de piedras escalares,
por fin morada del que lo terrestre
no escondió en las dormidas vestiduras.
En ti, como dos líneas paralelas,
la cuna del relámpago y del hombre
se mecían en un viento de espinas.

Madre de piedra, espuma de los cóndores.

Alto arrecife de la aurora humana.

Pala perdida en la primera arena.

Ésta fue la morada, éste es el sitio:

aquí los anchos granos del maíz ascendieron
y bajaron de nuevo como granizo rojo.
Aquí la hebra dorada salió de la vicuña
a vestir los amores, los túmulos, las madres,
el rey, las oraciones, los guerreros.

Aquí los pies del hombre descansaron de noche
junto a los pies del águila, en las altas guaridas
carniceras, y en la aurora
pisaron con los pies del trueno la niebla enrarecida,
y tocaron las tierras y las piedras
hasta reconocerlas en la noche o la muerte.

Miro las vestiduras y las manos,
el vestigio del agua en la oquedad sonora,
la pared suavizada por el tacto de un rostro
que miró con mis ojos las lámparas terrestres,
que aceitó con mis manos las desaparecidas
maderas: porque todo, ropaje, piel, vasijas,
palabras, vino, panes,
se fue, cayó a la tierra.

Y el aire entró con dedos
de azahar sobre todos los dormidos:
mil años de aire, meses, semanas de aire,
de viento azul, de cordillera férrea,
que fueron como suaves huracanes de pasos
lustrando el solitario recinto de la piedra.

VII

Muertos de un solo abismo, sombras de una
   hondonada,
la profunda, es así como al tamaño
de vuestra magnitud

vino la verdadera, la más abrasadora
muerte y desde las rocas taladradas,
desde los capiteles escarlata,
desde los acueductos escalares
os desplomasteis como en un otoño
en una sola muerte.
Hoy el aire vacío ya no llora,
ya no conoce vuestros pies de arcilla,
ya olvidó vuestros cántaros que filtraban el cielo
cuando lo derramaban los cuchillos del rayo,
y el árbol poderoso fue comido
por la niebla, y cortado por la racha.

Él sostuvo una mano que cayó de repente
desde la altura hasta el final del tiempo.
Ya no sois, manos de araña, débiles
hebras, tela enmarañada:
cuanto fuisteis cayó: costumbres, sílabas
raídas, máscaras de luz deslumbradora.

Pero una permanencia de piedra y de palabra:
la ciudad como un vaso se levantó en las manos
de todos, vivos, muertos, callados, sostenidos
de tanta muerte, un muro, de tanta vida un golpe
de pétalo de piedra: la rosa permanente, la morada:
este arrecife andino de colonias glaciales.

Cuando la mano de color de arcilla
se convirtió en arcilla, y cuando los pequeños párpados
    se cerraron.
llenos de ásperos muros, poblados de castillos,
y cuando todo el hombre se enredó en su agujero,
quedó la exactitud enarbolada:
el alto sitio de la aurora humana:
la más alta vasija que contuvo el silencio:
una vida de piedra después de tantas vidas.

VIII

Sube conmigo, amor americano.

Besa conmigo las piedras secretas.
La plata torrencial del Urubamba
hace volar el polen a su copa amarilla.

Vuela el vacío de la enredadera,
la planta pétrea, la guirnalda dura
sobre el silencio del cajón serrano.
Ven, minúscula vida, entre las alas
de la tierra, mientras —cristal y frío, aire golpeado
apartando esmeraldas combatidas,
oh agua salvaje, bajas de la nieve.

Amor, amor, hasta la noche abrupta,
desde el sonoro pedernal andino,
hacia la aurora de rodillas rojas,
contempla el hijo ciego de la nieve.

Oh, Wilkamayu de sonoros hilos,
cuando rompes tus truenos lineales
en blanca espuma, como herida nieve,
cuando tu vendaval acantilado
canta y castiga despertando al cielo,
qué idioma traes a la oreja apenas
desarraigada de tu espuma andina?

Quién apresó el relámpago del frío
y lo dejó en la altura encadenado,
repartido en sus lágrimas glaciales,
sacudido en sus rápidas espadas,
golpeando sus estambres aguerridos,
conducido en su cama de guerrero,
sobresaltado en su final de roca?

Qué dicen tus destellos acosados?
Tu secreto relámpago rebelde
antes viajó poblado de palabras?
Quién va rompiendo sílabas heladas,
idiomas negros, estandartes de oro,
bocas profundas, gritos sometidos,
en tus delgadas aguas arteriales?

Quién va cortando párpados florales
que vienen a mirar desde la tierra?
Quién precipita los racimos muertos
que bajan en tus manos de cascada
a desgranar su noche desgranada
en el carbón de la geología?

Quién despeña la rama de los vínculos?
Quién otra vez sepulta los adioses?

Amor, amor, no toques la frontera,
ni adores la cabeza sumergida:
deja que el tiempo cumpla su estatura
en su salón de manantiales rotos,
y, entre el agua veloz y las murallas,
recoge el aire del desfiladero,
las paralelas láminas del viento,
el canal ciego de las cordilleras,
el áspero saludo del rocío,
y sube, flor a flor, por la espesura,
pisando la serpiente despeñada.

En la escarpada zona, piedra y bosque,
polvo de estrellas verdes, selva clara,
Mantur estalla como un lago vivo
o como un nuevo piso del silencio.

Ven a mi propio ser, al alba mía,
hasta las soledades coronadas.
El reino muerto vive todavía.

Y en el Reloj la sombra sanguinaria
del cóndor cruza como una nave negra.

IX

AGUILA sideral, viña de bruma.
Bastión perdido, cimitarra ciega.
Cinturón estrellado, pan solemne.
Escala torrencial, párpado inmenso.
Túnica triangular, polen de piedra.
Lámpara de granito, pan de piedra.
Serpiente mineral, rosa de piedra.
Nave enterrada, manantial de piedra.
Caballo de la luna, luz de piedra.
Escuadra equinoccial, vapor de piedra.
Geometría final, libro de piedra.
Témpano entre las ráfagas labrado.
Madrépora del tiempo sumergido.
Muralla por los dedos suavizada.
Techumbre por las plumas combatida.
Ramos de espejo, bases de tormenta.
Tronos volcados por la enredadera.
Régimen de la garra encarnizada.
Vendaval sostenido en la vertiente.
Inmóvil catarata de turquesa.
Campana patriarcal de los dormidos.
Argolla de las nieves dominadas.
Hierro acostado sobre sus estatuas.
Inaccesible temporal cerrado.
Manos de puma, roca sanguinaria.
Torre sombrera, discusión de nieve.
Noche elevada en dedos y raíces.
Ventana de las nieblas, paloma endurecida.
Planta nocturna, estatua de los truenos.
Cordillera esencial, techo marino.

Arquitectura de águilas perdidas.
Cuerda del cielo, abeja de la altura.
Nivel sangriento, estrella construída.
Burbuja mineral, luna de cuarzo.
Serpiente andina, frente de amaranto.
Cúpula del silencio, patria pura.
Novia del mar, árbol de catedrales.
Ramo de sal, cerezo de alas negras.
Dentadura nevada, trueno frío.
Luna arañada, piedra amenazante.
Cabellera del frío, acción del aire.
Volcán de manos, catarata oscura.
Ola de plata, dirección del tiempo.

X

PIEDRA en la piedra, el hombre, dónde estuvo?
Aire en el aire, el hombre, dónde estuvo?
Tiempo en el tiempo, el hombre, dónde estuvo?
Fuiste también el pedacito roto
de hombre inconcluso, de águila vacía
que por las calles de hoy, que por las huellas,
que por las hojas del otoño muerto
va machacando el alma hasta la tumba?
La pobre mano, el pie, la pobre vida...
Los días de la luz deshilachada
en ti, como la lluvia
sobre las banderillas de la fiesta,
dieron pétalo a pétalo de su alimento oscuro
en la boca vacía?
                    Hambre, coral del hombre,
hambre, planta secreta, raíz de los leñadores,
hambre, subió tu raya de arrecife
hasta estas altas torres desprendidas?

Yo te interrogo, sal de los caminos,
muéstrame la cuchara, déjame, arquitectura,
raer con un palito los estambres de piedra,
subir todos los escalones del aire hasta el vacío,
rascar la entraña hasta tocar el hombre.

Macchu Picchu, pusiste
piedra en la piedra, y en la base, harapo?
Carbón sobre carbón, y en el fondo la lágrima?
Fuego en el oro, y en él, temblando el rojo
goterón de la sangre?
Devuélveme el esclavo que enterraste!
Sacude de las tierras el pan duro
del miserable, muéstrame los vestidos
del siervo y su ventana.
Dime cómo durmió cuando vivía.
Dime si fue su sueño
ronco, entreabierto, como un hoyo negro
hecho por la fatiga sobre el muro.

El muro, el muro! Si sobre su sueño
gravitó cada piso de piedra, y si cayó bajo ella
como bajo una luna, con el sueño!
Antigua América, novia sumergida,
también tus dedos,
al salir de la selva hacia el alto vacío de los dioses,
bajo los estandartes nupciales de la luz y el decoro,
mezclándose al trueno de los tambores y de las lanzas,
también, también tus dedos,
los que la rosa abstracta y la línea del frío,
los que el pecho sangriento del nuevo cereal trasladaron
hasta la tela de materia radiante, hasta las duras
    cavidades,
también, también, América enterrada, guardaste en lo
    más bajo,
en el amargo intestino, como un águila, el hambre?

XI

A través del confuso esplendor,
a través de la noche de piedra, déjame hundir la mano
y deja que en mí palpite, como un ave mil años
    prisionera,
el viejo corazón del olvidado!
Déjame olvidar hoy esta dicha, que es más ancha que
    el mar,
porque el hombre es más ancho que el mar y que sus
    islas,
y hay que caer en él como en un pozo para salir del
    fondo
con un ramo de agua secreta y de verdades sumergidas.
Déjame olvidar, ancha piedra, la proporción poderosa,
la trascendente medida, las piedras del panal,
y de la escuadra déjame hoy resbalar
la mano sobre la hipotenusa de áspera sangre y cilicio.
Cuando, como una herradura de élitros rojos, el cóndor
    furibundo
me golpea las sienes en el orden del vuelo
y el huracán de plumas carniceras barre el polvo
    sombrío
de las escalinatas diagonales, no veo a la bestia veloz,
no veo el ciego ciclo de sus garras,
veo el antiguo ser, servidor, el dormido
en los campos, veo un cuerpo, mil cuerpos, un hombre,
    mil mujeres,
bajo la racha negra, negros de lluvia y noche,
con la piedra pesada de la estatua:
Juan Cortapiedras, hijo de Wiracocha,
Juan Comefrío, hijo de estrella verde,
Juan Piesdescalzos, nieto de la turquesa,
sube a nacer conmigo, hermano.

XII

Sube a nacer conmigo, hermano.

Dame la mano desde la profunda
zona de tu dolor diseminado.
No volverás del fondo de las rocas.
No volverás del tiempo subterráneo.
No volverá tu voz endurecida.
No volverán tus ojos taladrados.
Mírame desde el fondo de la tierra,
labrador, tejedor, pastor callado:
domador de guanacos tutelares:
albañil del andamio desafiado:
aguador de las lágrimas andinas:
joyero de los dedos machacados:
agricultor temblando en la semilla:
alfarero en tu greda derramado:
traed a la copa de esta nueva vida
vuestros viejos dolores enterrados.
Mostradme vuestra sangre y vuestro surco,
decidme: aquí fui castigado,
porque la joya no brilló o la tierra
no entregó a tiempo la piedra o el grano:
señaladme la piedra en que caísteis
y la madera en que os crucificaron,
encendedme los viejos pedernales,
las viejas lámparas, los látigos pegados
a través de los siglos en las llagas
y las hachas de brillo ensangrentado.
Yo vengo a hablar por vuestra boca muerta.
A través de la tierra juntad todos
los silenciosos labios derramados
y desde el fondo habladme toda esta larga noche
como si yo estuviera con vosotros anclado,
contadme todo, cadena a cadena,
eslabón a eslabón, y paso a paso,

afilad los cuchillos que guardasteis,
ponedlos en mi pecho y en mi mano,
como un río de rayos amarillos,
como un río de tigres enterrados,
y dejadme llorar, horas, días, años,
edades ciegas, siglos estelares.

Dadme el silencio, el agua, la esperanza.

Dadme la lucha, el hierro, los volcanes.

Apegadme los cuerpos como imanes.

Acudid a mis venas y a mi boca.

Hablad por mis palabras y mi sangre.

LAS AGONÍAS

En Cajamarca empezó la agonía.

El joven Atahualpa, estambre azul,
árbol insigne, escuchó al viento
traer rumor de acero.
Era un confuso
brillo y temblor desde la costa,
un galope increíble
—piafar y poderío—
de hierro y hierro entre la hierba.
Llegaron los adelantados.
El Inca salió de la música
rodeado por los señores.

Las visitas
de otro planeta, sudadas y barbudas,
iban a hacer la reverencia.

El capellán
Valverde, corazón traidor, chacal podrido,
adelanta un extraño objeto, un trozo
de cesto, un fruto
tal vez de aquel planeta
de donde vienen los caballos.
Atahualpa lo toma. No conoce
de qué se trata: no brilla, no suena,
y lo deja caer sonriendo.

"Muerte,
venganza, matad, que os absuelvo",
grita el chacal de la cruz asesina.
El trueno acude hacia los bandoleros.
Nuestra sangre en su cuna es derramada.
Los príncipes rodean como un coro
al Inca, en la hora agonizante.

Diez mil peruanos caen
bajo cruces y espadas, la sangre
moja las vestiduras de Atahualpa.
Pizarro, el cerdo cruel de Extremadura,
hace amarrar los delicados brazos
del Inca. La noche ha descendido
sobre el Perú como una brasa negra.

DESCUBRIDORES DE CHILE

DEL Norte trajo Almagro su arrugada centella.
Y sobre el territorio, entre explosión y ocaso,

se inclinó día y noche como sobre una carta.
Sombra de espinas, sombra de cardo y cera,
el español reunido con su seca figura,
mirando las sombrías estrategias del suelo.
Noche, nieve y arena hacen la forma
de mi delgada patria,
todo el silencio está en su larga línea,
toda la espuma sale de su barba marina,
todo el carbón la llena de misteriosos besos.
Como una brasa el oro arde en sus dedos
y la plata ilumina como una luna verde
su endurecida forma de tétrico planeta.
El español sentado junto a la rosa un día,
junto al aceite, junto al vino, junto al antiguo cielo
no imaginó este punto de colérica piedra
nacer bajo el estiércol del águila marina.

LAUTARO
CONTRA EL CENTAURO (1554)

Atacó entonces Lautaro de ola en ola.
Disciplinó las sombras araucanas:
antes entró el cuchillo castellano
en pleno pecho de la masa roja.
Hoy estuvo sembrada la guerrilla
bajo todas las alas forestales,
de piedra en piedra y vado en vado,
mirando desde los copihues,
acechando bajo las rocas.
        Valdivia quiso regresar.
                        Fue tarde.
    Llegó Lautaro en traje de relámpago.
Siguió el Conquistador acongojado.

Se abrió paso en las húmedas marañas
del crepúsculo austral.

     Llegó Lautaro,
en un galope negro de caballos.

La fatiga y la muerte conducían
la tropa de Valdivia en el follaje.

  Se acercaban las lanzas de Lautaro.

Entre los muertos y las hojas iba
como en un túnel Pedro de Valdivia.

  En las tinieblas llegaba Lautaro.

Pensó en Extremadura pedregosa,
en el dorado aceite, en la cocina,
en el jazmín dejado en ultramar.

  Reconoció el aullido de Lautaro.

Las ovejas, las duras alquerías,
los muros blancos, la tarde extremeña.

  Sobrevino la noche de Lautaro.

Sus capitanes tambaleaban ebrios
de sangre, noche y lluvia hacia el regreso.

  Palpitaban las flechas de Lautaro.

De tumbo en tumbo la capitanía
iba retrocediendo desangrada.

  Ya se tocaba el pecho de Lautaro.

Valdivia vio venir la luz, la aurora,
tal vez la vida, el mar.
      Era Lautaro.

JOSÉ MIGUEL CARRERA

(ANTISTROFA)

Guarde el laurel doloroso su extrema substancia de
  invierno.
A su corona de espinas llevemos arena radiante,
hilos de estirpe araucana resguarden la luna mortuoria,
hojas de boldo fragante resuelvan la paz de su tumba,
nieve nutrida en las aguas inmensas y oscuras de Chile,
plantas que amó, toronjiles en tazas de greda silvestre,
ásperas plantas amadas por el amarillo centauro,
negros racimos colmados de eléctrico otoño en la tierra,
ojos sombríos que ardieron bajo sus besos terrestres.
Levante la patria sus aves, sus alas injustas, sus
  párpados rojos,
vuele hacia el húsar herido la voz del queltehue
  en el agua,
sangre la loica su mancha de aroma escarlata rindiendo
  tributo
a aquél cuyo vuelo extendiera la noche nupcial de la
  patria
y el cóndor colgado en la altura inmutable corone con
  plumas sangrientas
el pecho dormido, la hoguera que yace en las gradas
  de la cordillera,
rompa el soldado la rosa iracunda aplastada en el muro
  abrumado,
salte el paisano al caballo de negra montura y hocico
  de espuma,
vuelva al esclavo del campo su paz de raíces, su escudo
  enlutado,
levante el mecánico su pálida torre tejida de estaño
  nocturno:
el pueblo que nace en la cuna torcida por mimbres y
  manos del héroe,

el pueblo que sube de negros adobes de minas y bocas
  sulfúricas,
el pueblo levante el martirio y la urna y envuelva el
  recuerdo desnudo
con su ferroviaria grandeza y su eterna balanza de
  piedras y heridas.
hasta que la tierra fragante decrete copihues mojados
  y libros abiertos,
al niño invencible, a la ráfaga insigne, al tierno temible
  y acerbo soldado.
Y guarde su nombre en el duro dominio del pueblo
  en su lucha
como el nombre en la nave resiste el combate marino:
la patria en su proa lo inscriba y lo bese el relámpago
porque así fue su libre y delgada y ardiente materia.

MANUEL RODRÍGUEZ

CUECA

Señora, dicen que dónde,
mi madre dicen, dijeron,
el agua y el viento dicen
que vieron al guerrillero.

    VIDA Puede ser un obispo,
           puede y no puede,
           puede ser sólo el viento
           sobre la nieve:
           sobre la nieve, sí,
           madre, no mires,
           que viene galopando
           Manuel Rodríguez.
           Ya viene el guerrillero
           por el estero.

CUECA

PASIÓN Saliendo de Melipilla,
corriendo por Talagante,
cruzando por San Fernando,
amaneciendo en Pomaire.

Pasando por Rancagua,
por San Rosendo,
por Cauquenes, por Chena,
por Nacimiento:
por Nacimiento, sí,
desde Chiñigüe,
por todas partes viene
Manuel Rodríguez.
Pásale este clavel.
Vamos con él.

CUECA

Que se apaguen las guitarras,
que la patria está de duelo.
Nuestra tierra se oscurece.
Mataron al guerrillero.

Y MUERTE En Til-Til lo mataron
los asesinos,
su espalda está sangrando
sobre el camino:
sobre el camino, sí,
quién lo diría,
él, que era nuestra sangre,
nuestra alegría.
La tierra está llorando.
Vamos callando.

MORAZÁN (1842)

Alta es la noche y Morazán vigila.
Es hoy, ayer, mañana? Tú lo sabes.

Cinta central, américa angostura
que los golpes azules de dos mares
fueron haciendo, levantando en vilo
cordilleras y plumas de esmeralda:
territorio, unidad, delgada diosa
nacida en el combate de la espuma.

Te desmoronan hijos y gusanos,
se extienden sobre ti las alimañas
y una tenaza te arrebata el sueño
y un puñal con tu sangre te salpica
mientras se despedaza tu estandarte.

Alta es la noche y Morazán vigila.

Ya viene el tigre enarbolando un hacha.
Vienen a devorarte las entrañas.
Vienen a dividir la estrella.
                              Vienen,
pequeña América olorosa,
a clavarte en la cruz, a desollarte,
a tumbar el metal de tu bandera.

Alta es la noche y Morazán vigila.

Invasores llenaron tu morada.
Y te partieron como fruta muerta,
y otros sellaron sobre tus espaldas
los dientes de una estirpe sanguinaria,

y otros te saquearon en los puertos
cargando sangre sobre tus dolores.

Es hoy, ayer, mañana? Tú lo sabes.

Hermanos, amanece. (Y Morazán vigila.)

A EMILIANO ZAPATA CON MÚSICA
DE TATA NACHO

CUANDO arreciaron los dolores
en la tierra, y los espinares desolados
fueron la herencia de los campesinos,
y como antaño, las rapaces
barbas ceremoniales, y los látigos,
entonces, flor y fuego galopado...

> *Borrachita me voy*
> *hacia la capital*

se encabritó en el alba transitoria
la tierra sacudida de cuchillos,
el peón de sus amargas madrigueras
cayó como un elote desgranado
sobre la soledad vertiginosa.

> *a pedirle al patrón*
> *que me mandó llamar*

Zapata entonces fue tierra y aurora.
En todo el horizonte aparecía
la multitud de su semilla armada.

En un ataque de aguas y fronteras
el férreo manantial de Coahuila,
las estelares piedras de Sonora:
todo vino a su paso adelantado,
a su agraria tormenta de herraduras.

> que si se va del rancho
> muy pronto volverá

Reparte el pan, la tierra:
                              te acompaño.
Yo renuncio a mis párpados celestes.
Yo, Zapata, me voy con el rocío
de las caballerías matutinas,
en un disparo desde los nopales
hasta las casas de pared rosada.

> ...cintitas pa tu pelo
> no llores por tu Pancho...

La luna duerme sobre las monturas.
La muerte amontonada y repartida
yace con los soldados de Zapata.
El sueño esconde bajo los baluartes
de la pesada noche su destino,
su incubadora sábana sombría.
La hoguera agrupa el aire desvelado:
grasa, sudor y pólvora nocturna.

> ...Borrachita me voy
> para olvidarte...

Pedimos patria para el humillado.
Tu cuchillo divide el patrimonio
y tiros y corceles amedrentan
los castigos, la barba del verdugo.
La tierra se reparte con un rifle.
No esperes, campesino polvoriento,

después de tu sudor la luz completa
y el cielo parcelado en tus rodillas.
Levántate y galopa con Zapata.

> *...Yo la quise traer*
> *dijo que no...*

México, huraña agricultura, amada
tierra entre los oscuros repartida:
de las espadas del maíz salieron
al sol tus centuriones sudorosos.
de la nieve del Sur vengo a cantarte.
Déjame galopar en tu destino
y llenarme de pólvora y arados.

> *...Que si habrá de llorar*
> *pa qué volver...*

RECABARREN, PADRE DE CHILE

RECABARREN, hijo de Chile,
padre de Chile, padre nuestro,
en tu construcción, en tu línea
fraguada en tierras y tormentos
nace la fuerza de los días
venideros y vencedores.

Tú eres la patria, pampa y pueblo,
arena, arcilla, escuela, casa,
resurrección, puño, ofensiva,
orden, desfile, ataque, trigo,
lucha, grandeza, resistencia.

Recaberren, bajo tu mirada
juramos limpiar las heridas
mutilaciones de la patria.

Juramos que la libertad
levantará su flor desnuda
sobre la arena deshonrada.

Juramos continuar tu camino
hasta la victoria del pueblo.

ELECCIÓN EN CHIMBARONGO

(1947)

En Chimbarongo, en Chile, hace tiempo
fui a una elección senatorial.
Vi cómo eran elegidos
los pedestales de la patria.
A las once de la mañana
llegaron del campo las carretas
atiborradas de inquilinos.

Era en invierno, mojados,
sucios, hambrientos, descalzos,
los siervos de Chimbarongo
descienden de las carretas.
Torvos, tostados, harapientos,
son apiñados, conducidos
con una boleta en la mano,
vigilados y apretujados
vuelven a cobrar la paga,

y otra vez hacia las carretas
enfilados como caballos
los han conducido.
                    Más tarde
les han tirado carne y vino
hasta dejarlos bestialmente
envilecidos y olvidados.

Escuché más tarde el discurso,
del senador así elegido:
"Nosotros, patriotas cristianos,
nosotros, defensores del orden,
nosotros, hijos del espíritu".

Y estremecía su barriga
su voz de vaca aguardentosa
que parecía tropezar
como una trompa de mamuth
en las bóvedas tenebrosas
de la silbante prehistoria.

AMÉRICA

Estoy, estoy rodeado
por madreselva y páramo, por chacal y centella,
por el encadenado perfume de las lilas:
estoy, estoy rodeado
por días, meses, aguas que sólo yo conozco,
por uñas, peces, meses que sólo yo establezco,
estoy, estoy rodeado
por la delgada espuma combatiente
del litoral poblado de campanas.
La camisa escarlata del volcán y del indio,

el camino, que el pie desnudo levantó entre las hojas
y las espinas entre las raíces,
llega a mis pies de noche para que lo camine.
La oscura sangre como en un otoño
derramada en el suelo,
el temible estandarte de la muerte en la selva,
los pasos invasores deshaciéndose, el grito
de los guerreros, el crepúsculo de las lanzas dormidas,
el sobresaltado sueño de los soldados, los grandes
ríos en que la paz del caimán chapotea,
tus recientes ciudades de alcaldes imprevistos,
el coro de los pájaros de costumbre indomable,
en el pútrido día de la selva, el fulgor
tutelar de la luciérnaga,
cuando en tu vientre existo, en tu almenada
tarde, en su descanso, en el útero de tus nacimientos,
en el terremoto, en el diablo de los campesinos, en la
    ceniza
que cae de los ventisqueros, en el espacio,
en el espacio puro, circular inasible,
en la garra sangrienta de los cóndores, en la paz
    humillada
de Guatemala, en los negros,
en los muelles de Trinidad, en La Guayra:
todo es mi noche, todo
es mi día, todo
es mi aire, todo
es lo que vivo, sufro, levanto y agonizo.
América, no de noche
ni de luz están hechas las sílabas que canto.
De tierra es la materia apoderada
del fulgor y del pan de mi victoria,
y no es sueño mi sueño sino tierra.
Duermo rodeado de espaciosa arcilla
y por mis manos corre cuando vivo
un manantial de caudalosas tierras.
Y no es vino el que bebo sino tierra,
tierra escondida, tierra de mi boca,

tierra de agricultura con rocío,
vendaval de legumbres luminosas,
estirpe cereal, bodega de oro.

QUIERO VOLVER AL SUR (1941)

Enfermo en Veracruz, recuerdo un día
del Sur, mi tierra, un día de plata
como un rápido pez en el agua del cielo.
Loncoche, Lonquimay, Carahue, desde arriba
esparcidos, rodeados por silencio y raíces,
sentados en sus tronos de cueros y maderas.
El Sur es un caballo echado a pique
coronado con lentos árboles y rocío,
cuando levanta el verde hocico caen las gotas,
la sombra de su cola moja el gran archipiélago
y en su intestino crece el carbón venerado.
Nunca más, dime, sombra, nunca más, dime, mano,
nunca más, dime, pie, puerta, pierna, combate,
trastornarás la selva, el camino, la espiga,
la niebla, el frío, lo que, azul, determinaba
cada uno de tus pasos sin cesar consumidos?
Cielo, déjame un día de estrella a estrella irme
pisando luz y pólvora, destrozando mi sangre
hasta llegar al nido de la lluvia!
                              Quiero ir
detrás de la madera por el río
Toltén fragante, quiero salir de los aserraderos,
entrar en las cantinas con los pies empapados,
guiarme por la luz del avellano eléctrico,
tenderme junto al excremento de las vacas,
morir y revivir mordiendo trigo.
                      Océano, tráeme

un día del Sur, un día agarrado a tus olas,
un día de árbol mojado, trae un viento
azul polar a mi bandera fría!

PEUMO

Quebré una hoja enlosada de matorral: un dulce
aroma de los bordes cortados
me tocó como un ala profunda que volara
desde la tierra, desde lejos, desde nunca.
Peumo, entonces vi tu follaje, tu verdura
minuciosa, encrespada, cubrir con sus impulsos
tu tronco terrenal y tu anchura olorosa,
Pensé cómo eres toda mi tierra: mi bandera
debe tener aroma de peumo al desplegarse,
un olor de fronteras que de pronto
entran en ti con toda la patria en su corriente.
Peumo puro, fragancia de años y cabelleras
en el viento, en la lluvia, bajo la curvatura
de la montaña, con un ruido de agua que baja
hasta nuestras raíces, oh amor, oh tiempo agreste
cuyo perfume puede nacer, desenredarse
desde una hoja y llenarnos hasta que derramamos
la tierra, como viejos cántaros enterrados!

ODA DE INVIERNO AL RÍO MAPOCHO

Oh, sí, nieve imprecisa,
oh, sí, temblando en plena flor de nieve,

párpado boreal, pequeño rayo helado
quién, quién te llamó hacia el ceniciento valle,
quién, quién te arrastró desde el pico del águila
hasta donde tus aguas puras tocan
los terribles harapos de mi patria?
Río, por qué conduces
agua fría y secreta,
agua que el alba dura de las piedras
guardó en su catedral inaccesible,
hasta los pies heridos de mi pueblo?
Vuelve, vuelve a tu copa de nieve, río amargo,
vuelve, vuelve a tu copa de espaciosas escarchas,
sumerge tu plateada raíz en tu secreto origen
o despéñate y rómpete en otro mar sin lágrimas!
Río Mapocho, cuando la noche llega
y como negra estatua echada
duerme bajo tus puentes con un racimo negro
de cabezas golpeadas por el frío y el hambre
como por dos inmensas águilas, oh río,
oh duro río parido por la nieve,
por qué no te levantas como inmenso fantasma
o como nueva cruz de estrellas para los olvidados?
No, tu brusca ceniza corre ahora
junto al sollozo echado al agua negra,
junto a la manga rota que el viento endurecido
hace temblar debajo de las hojas de hierro.
Río Mapocho, adónde llevas
plumas de hielo para siempre heridas,
siempre junto a tu cárdena ribera
la flor salvaje nacerá mordida por los piojos
y tu lengua de frío raspará las mejillas
de mi patria desnuda?
                    Oh, que no sea,
oh, que no sea, y que una gota de tu espuma negra
salte del légamo a la flor del fuego
y precipite la semilla del hombre!

OLEGARIO SEPÚLVEDA

(ZAPATERO TALCAHUANO)

Olegario Sepúlveda me llamo.
Soy zapatero, estoy
cojo desde el gran terremoto.
Sobre el conventillo un pedazo de cerro
y el mundo sobre mi pierna.
Allí grité dos días,
pero la boca se me llenó de tierra,
grité más suavemente
hasta que me dormí para morir.
Fue un gran silencio el terremoto,
el terror en los cerros,
las lavanderas lloraban,
una montaña de polvo
enterró las palabras.
Aquí me ve con esta suela
frente al mar, lo único limpio,
las olas no debieran
llegar azules a mi puerta.
Talcahuano, tus gradas sucias,
tus corredores de pobreza,
en las colinas agua podrida,
madera rota, cuevas negras
donde el chileno mata y muere.
(Oh!, dolores del filo abierto
de la miseria, lepra del mundo,
arrabal de muertos, gangrena
acusadora y venenosa!
Habéis llegado del sombrío
Pacífico, de noche, al puerto?
Habéis tocado entre las pústulas
la mano del niño, la rosa
salpicada de sal y orina?
Habéis levantado los ojos

por los escalones torcidos?
Habéis visto la limosnera
como un alambre en la basura
temblar, levantar las rodillas
y mirar desde el fondo donde
ya no quedan lágrimas ni odio?)
Soy zapatero en Talcahuano.
Sepúlveda, frente al dique grande.
Cuando quiera, señor, los pobres
nunca cerramos la puerta.

MARGARITA NARANJO

(SALITRERA "MARIA ELENA", ANTOFAGASTA)

Estoy muerta. Soy de María Elena.
Toda mi vida la viví en la pampa.
Dimos la sangre para la Compañía
norteamericana, mis padres antes, mis
      hermanos.
Sin que hubiera huelga, sin nada nos rodearon.
Era de noche, vino todo el Ejército,
iban de casa en casa despertando a la gente,
llevándola al campo de concentración.
Yo esperaba que nosotros no fuéramos.
Mi marido ha trabajado tanto para la
      Compañía,
y para el Presidente, fue el más esforzado,
consiguiendo los votos aquí, es tan querido,
nadie tiene nada que decir de él, él lucha
por sus ideales, es puro y honrado
como pocos. Entonces vinieron a nuestra
      puerta,

mandados por el coronel Urízar,
y lo sacaron a medio vestir y a empellones
lo tiraron al camión que partió en la noche,
hacia Pisagua, hacia la oscuridad. Entonces
me pareció que no podía respirar más, me
        parecía
que la tierra faltaba debajo de los pies,
es tanta la traición, tanta la injusticia,
que me subió a la garganta algo como un
        sollozo
que no me dejó vivir. Me trajeron comida
las compañeras, y les dije: "No comeré hasta
        que vuelva".
Al tercer día hablaron al señor Urízar,
que se rió con grandes carcajadas, enviaron
telegramas y telegramas que el tirano en
        Santiago
no contestó. Me fui durmiendo y muriendo,
sin comer, apreté los dientes para no recibir
ni siquiera la sopa o el agua. No volvió, no
        volvió,
y poco a poco me quedé muerta, y me
        enterraron:
aquí, en el cementerio de la oficina salitrera,
había en esa tarde un viento de arena,
lloraban los viejos y las mujeres y cantaban
las canciones que tantas veces canté con ellos.
Si hubiera podido, habría mirado a ver si
        estaba
Antonio, mi marido, pero no estaba, no estaba,
no lo dejaron venir ni a mi muerte: ahora,
aquí estoy muerta, en el cementerio de la
        pampa
no hay más que soledad en torno a mí, que
        ya no existo,
que ya no existiré sin él, nunca más, sin él.

QUE DESPIERTE EL LEÑADOR (1948)

Al oeste de Colorado River
hay un sitio que amo.
Acudo allí con todo lo que palpitando
transcurre en mí, con todo
lo que fui, lo que soy, lo que sostengo.
Hay unas altas piedras rojas, el aire
salvaje de mil manos
las hizo edificadas estructuras:
el escarlata ciego subió desde el abismo
y en ellas se hizo cobre, fuego y fuerza.
América extendida como la piel del búfalo,
aérea y clara noche del galope,
allí hacia las alturas estrelladas,
bebo tu copa de verde rocío.

Sí, por agria Arizona y Wisconsin nudoso,
hasta Milwaukee levantada contra el viento y
        la nieve
o en los enardecidos pantanos de West Palm,
cerca de los pinares de Tacoma, en el espeso
olor de acero de tus bosques,
anduve pisando tierra madre,
hojas azules, piedras de cascada,
huracanes que temblaban como toda la música,
ríos que rezaban como los monasterios,
ánades y manzanas, tierras y aguas,
infinita quietud para que el trigo nazca.
Allí pude, en mi piedra central, extender al
        aire
ojos, oídos, manos, hasta oír
libros, locomotoras, nieve, luchas,
fábricas, tumbas, vegetales pasos,
y de Manhattan la luna en el navío,
el canto de la máquina que hila,

la cuchara de hierro que come tierra,
la perforadora con su golpe de cóndor
y cuanto corta, oprime, corre, cose:
seres y ruedas repitiendo y naciendo.

Amo el pequeño hogar del *farmer*. Recientes
      madres duermen
aromadas como el jarabe del tamarindo, las
      telas
recién planchadas. Arde
el fuego en mil hogares rodeados de cebollas.
 (Los hombres cuando cantan cerca del río
      tienen
una voz ronca como las piedras del fondo:
el tabaco salió de sus anchas hojas
y como un duende del fuego llegó a estos
      hogares.)
Missouri adentro venid, mirad el queso y la
      harina,
las tablas olorosas, rojas como violines,
el hombre navegando la cebada,
el potro azul recién montado huele
el aroma del pan y de la alfalfa:
campanas, amapolas, herrerías,
y en los destartalados cinemas silvestres
el amor abre su dentadura
en el sueño nacido de la tierra.
Es tu paz lo que amamos, no tu máscara.
No es hermoso tu rostro de guerrero.

Eres hermosa y ancha, Norte América.
Vienes de humilde cuna como una lavandera.
junto a tus ríos, blanca.
Edificada en lo desconocido,
es tu paz de panal lo dulce tuyo.
Amamos tu hombre con las manos rojas
de barro de Oregón, tu niño negro
que te trajo la música nacida

en su comarca de marfil: amamos
tu ciudad, tu substancia,
tu luz, tus mecanismos, la energía
del Oeste, la pacífica
miel, de colmenar y aldea,
el gigante muchacho en el tractor,
la avena que heredaste
de Jefferson, la rueda rumorosa
que mide tu terrestre oceanía,
el humo de una fábrica y el beso
número mil de una colonia nueva:
tu sangre labradora es la que amamos:
tu mano popular llena de aceite.

Bajo la noche de las praderas hace ya tiempo
reposan sobre la piel del búfalo en un grave
silencio las sílabas, el canto
de lo que fui antes de ser, de lo que fuimos.
Melville es un abeto marino, de sus ramas
nace una curva de carena, un brazo
de madera y navío. Whitman innumerable
como los cereales, Poe en su matemática
tiniebla, Dreiser, Wolfe,
frescas heridas de nuestra propia ausencia,
Lockridge reciente, atados a la profundidad,
cuántos otros, atados a la sombra:
sobre ellos la misma aurora del hemisferio arde
y de ellos está hecho lo que somos.
Poderosos infantes, capitanes ciegos,
entre acontecimientos y follajes amedrentados
          a veces,
interrumpidos por la alegría y por el duelo,
bajo las praderas cruzadas de tráfico,
cuántos muertos en las llanuras antes no
          visitadas:
inocentes atormentados, profetas recién
          impresos,
sobre la piel del búfalo de las praderas.

De Francia, de Okinawa, de los atolones
de Leyte (Norman Mailer lo ha dejado escrito),
del aire enfurecido y de las olas,
han regresado casi todos los muchachos.
Casi todos... Fue verde y amarga la historia
de barro y sudor: no oyeron
bastante el canto de los arrecifes
ni tocaron tal vez sino para morir en las islas,
    las coronas
de fulgor y fragancia: sangre y estiércol
los persiguieron, la mugre y las ratas,
y un cansado y desolado corazón que luchaba.
Pero ya han vuelto,
                los habéis recibido
en el ancho espacio de las tierras extendidas
y se han cerrado (los que han vuelto) como
    una corola
de innumerables pétalos anónimos
para renacer y olvidar.

AMO, VALPARAÍSO...

Amo, Valparaíso, cuanto encierras,
y cuanto irradias, novia del océano,
hasta más lejos de tu nimbo sordo.
Amo la luz violenta con que acudes
al marinero en la noche del mar,
y entonces eres —rosa de azahares—
luminosa y desnuda, fuego y niebla.
Que nadie venga con un martillo turbio
a golpear lo que amo, a defenderte:
nadie sino mi ser por tus secretos:
nadie sino mi voz por tus abiertas

hileras de rocío, por tus escalones
en donde la maternidad salobre
del mar te besa, nadie sino mis labios
en tu corona fría de sirena,
elevada en el aire de la altura,
oceánico amor, Valparaíso.
Reina de todas las costas del mundo,
verdadera central de olas y barcos,
eres en mí como la luna o como
la dirección del aire en la arboleda.
Amo tus criminales callejones,
tu luna de puñal sobre los cerros,
y entre tus plazas la marinería
revistiendo de azul la primavera.

Que se entienda, te pido, puerto mío,
que yo tengo derecho
a escribirte lo bueno y lo malvado
y soy como las lámparas amargas
cuando iluminan las botellas rotas.

CARTA A MIGUEL OTERO SILVA

(FRAGMENTO)

Cuando yo escribía versos de amor, que me brotaban
por todas partes, y me moría de tristeza,
errante, abandonado, royendo el alfabeto,
me decían: "Qué grande eres, oh Teócrito!"
Yo no soy Teócrito: tomé a la vida,
me puse frente a ella, la besé hasta vencerla,
y luego me fui por los callejones de las minas
a ver cómo vivían otros hombres.

Y cuando salí con las manos teñidas de basura y dolores,
las levanté mostrándolas en las cuerdas de oro,
y dije: "Yo no comparto el crimen".
Tosieron, se disgustaron mucho, me quitaron el saludo,
me dejaron de llamar Teócrito, y terminaron
por insultarme y mandar toda la policía a
    encarcelarme,
porque no seguía preocupado exclusivamente
        de asuntos metafísicos.
Pero yo había conquistado la alegría.
Desde entonces me levanté leyendo las cartas
que traen las aves del mar desde tan lejos,
cartas que vienen mojadas, mensajes que poco a poco
voy traduciendo con lentitud y seguridad: soy
        meticuloso
como un ingeniero en este extraño oficio.

LOS PECES Y EL AHOGADO

De pronto vi pobladas las regiones
de intensidad, de formas aceradas,
bocas como una línea que cortaba,
relámpagos de plata sumergida,
peces de luto, peces ojivales,
peces de firmamento tachonado,
peces cuyos lunares resplandecen,
peces que cruzan como escalofríos,
blanca velocidad, ciencias delgadas
de la circulación, bocas ovales
de la carnicería y el aumento.

Hermosa fue la mano o la cintura
que rodeada de luna fugitiva

vio trepidar la población pesquera,
húmedo río elástico de vidas,
crecimiento de estrella en las escamas,
ópalo seminal diseminado
en la sábana oscura del océano.

Vio arder las piedras de plata que mordían,
estandartes de trémulo tesoro,
y sometió su sangre descendiendo
a la profundidad devoradora,
suspendido por bocas que recorren
su torso con sortijas sanguinarias
hasta que desgreñado y dividido
como espiga sangrienta, es un escudo
de la marea, un traje que trituran
las amatistas, una herencia herida
bajo el mar, en el árbol numeroso.

LA LLUVIA

(RAPA NUI)

No, que la Reina no reconozca
tu rostro, es más dulce
así, amor mío, lejos de las efigies, el peso
de tu cabellera en mis manos, recuerdas
el árbol de Mangareva cuyas flores caían
sobre tu pelo? Estos dedos no se parecen
a los pétalos blancos: míralos, son como raíces,
son como tallos de piedra sobre los que resbala
el lagarto. No temas, esperemos que caiga la
    lluvia, desnudos,
la lluvia, la misma que cae sobre Manu Tara.

Pero así como el agua endurece sus rasgos en la
    piedra,
sobre nosotros cae llevándonos suavemente
hacia la oscuridad, más abajo del agujero
de Ranu Raraku. Por eso
que no te divise el pescador ni el cántaro.
    Sepulta
tus pechos de quemadura gemela en mi boca,
y que tu cabellera sea una pequeña noche mía,
una oscuridad cuyo perfume mojado me cubre.

De noche sueño que tú y yo somos dos plantas
que se elevaron juntas, con raíces enredadas,
y que tú conoces la tierra y la lluvia como mi
    boca,
porque de tierra y de lluvia estamos hechos.
    A veces
pienso que con la muerte dormiremos abajo,
en la profundidad de los pies de la efigie,
    mirando
el Océano que nos trajo a construir y a amar.

Mis manos no eran férreas cuando te conocieron, las
        aguas
de otro mar las pasaban como a una red; ahora
agua y piedras sostienen semillas y secretos.

Ámame dormida y desnuda, que en la orilla
eres como la isla: tu amor confuso, tu amor
asombrado, escondido en la cavidad de los sueño:
es como el movimiento del mar que nos rodea.

Y cuando yo también vaya durmiéndome
en tu amor, desnudo,
deja mi mano entre tus pechos para que palpite
al mismo tiempo que tus pezones mojados en
    la lluvia.

LA MUERTE

He renacido muchas veces, desde el fondo
de estrellas derrotadas, reconstruyendo el hilo
de las eternidades que poblé con mis manos,
y ahora voy a morir, sin nada más, con tierra
sobre mi cuerpo, destinado a ser tierra.

No compré una parcela del cielo que vendían
los sacerdotes, ni acepté tinieblas
que el metafísico manufacturaba
para despreocupados poderosos.

Quiero estar en la muerte con los pobres
que no tuvieron tiempo de estudiarla,
mientras los apaleaban los que tienen
el cielo dividido y arreglado.

Tengo lista mi muerte, como un traje
que me espera, del color que amo,
de la extensión que busqué inútilmente,
de la profundidad que necesito.

Cuando el amor gastó su materia evidente
y la lucha desgrana sus martillos
en otras manos de agregada fuerza,
viene a borrar la muerte las señales
que fueron construyendo tus fronteras.

TESTAMENTO

Dejo mis viejos libros, recogidos
en rincones del mundo, venerados
en su tipografía majestuosa,
a los nuevos poetas de América,
                            a los que un día
hilarán en el ronco telar interrumpido
las significaciones de mañana.

Ellos habrán nacido cuando el agreste puño
de leñadores muertos y mineros
haya dado una vida innumerable
para limpiar la catedral torcida,
el grano desquiciado, el filamento
que enredó nuestras ávidas llanuras.
Toquen ellos infierno, este pasado
que aplastó los diamantes, y defiendan
los mundos cereales de su canto,
lo que nació en el árbol del martirio.

Sobre los huesos de caciques, lejos
de nuestra herencia traicionada, en pleno
aire de pueblos que caminan solos,
ellos van a poblar el estatuto
de un largo sufrimiento victorioso.

Que amen como yo amé mi Manrique, mi Góngora,
mi Garcilaso, mi Quevedo:
                            fueron
titánicos guardianes, armaduras
de platino y nevada transparencia,
que me enseñaron el rigor, y busquen
en mi Lautréamont viejos lamentos
entre pestilenciales agonías.
Que en Maiakovski vean cómo ascendió la estrella
y cómo de sus rayos nacieron las espigas.

DISPOSICIONES

Compañeros, enterradme en Isla Negra,
frente al mar que conozco, a cada área rugosa
de piedras y de olas que mis ojos perdidos
no volverán a ver.
              Cada día de océano.
me trajo niebla o puros derrumbes de
   turquesa,
o simple extensión, agua rectilínea, invariable,
lo que pedí, el espacio que devoró mi frente.

    Cada paso enlutado de cormorán, el vuelo
    de grandes aves grises que amaban el invierno,
    y cada tenebroso círculo de sargazo
    y cada grave ola que sacude su frío,
    y más aún, la tierra que un escondido herbario
    secreto, hijo de brumas y de sales, roído
    por el ácido viento, minúsculas corolas
    de la costa pegadas a la infinita arena:
    todas las llaves húmedas de la tierra marina
    conocen cada estado de mi alegría,
                    saben
    que allí quiero dormir entre los párpados
    del mar y de la tierra...
                 Quiero ser arrastrado
    hacia abajo en las lluvias que el salvaje
    viento del mar combate y desmenuza
    y luego por los cauces subterráneos, seguir
    hacia la primavera profunda que renace.
    Abrid junto a mí el hueco de la que amo, y
       un día
    dejadla que otra vez me acompañe en la tierra.

LOS VERSOS DEL CAPITÁN

(1952)

LA REINA

Yo te he nombrado reina.
Hay más altas que tú, más altas.
Hay más puras que tú, más puras.
Hay más bellas que tú, hay más bellas.

Pero tú eres la reina.

Cuando vas por las calles
nadie te reconoce.
Nadie ve tu corona de cristal, nadie mira
la alfombra de oro rojo
que pisas donde pasas,
la alfombra que no existe.

Y cuando asomas
suenan todos los ríos
en mi cuerpo, sacuden
el cielo las campanas,
y un himno llena el mundo.

Sólo tú y yo,
sólo tú y yo, amor mío,
lo escuchamos.

EL ALFARERO

Todo tu cuerpo tiene
copa o dulzura destinada a mí.

Cuando subo la mano
encuentro en cada sitio una paloma
que me buscaba, como
si te hubieran, amor, hecho de arcilla
para mis propias manos de alfarero.

Tus rodillas, tus senos,
tu cintura
faltan en mí como en el hueco
de una tierra sedienta
de la que desprendieron
una forma,
y juntos
somos completos como un solo río,
como una sola arena.

8 DE SEPTIEMBRE

Hoy, este día fue una copa plena,
hoy, este día fue la inmensa ola,
hoy, fue toda la tierra.

Hoy el mar tempestuoso
nos levantó en un beso
tan alto que temblamos
a la luz de un relámpago

y, atados, descendimos
a sumergirnos sin desenlazarnos.

Hoy nuestros cuerpos se hicieron extensos,
crecieron hasta el límite del mundo
y rodaron fundiéndose
en una sola gota
de cera o meteoro.

Entre tú y yo se abrió una nueva puerta
y alguien, sin rostro aún,
allí nos esperaba.

EL INCONSTANTE

Los ojos se me fueron
tras una morena que pasó.

Era de nácar negro,
era de uvas moradas,
y me azotó la sangre
con su cola de fuego.

Detrás de todas
me voy.

Pasó una clara rubia
como una planta de oro
balanceando sus dones.
Y mi boca se fue
como con una ola
descargando en su pecho
relámpagos de sangre.

Detrás de todas
me voy.

Pero a ti, sin moverme,
sin verte, tú distante,
van mi sangre y mis besos,
morena y clara mía,
alta y pequeña mía,
ancha y delgada mía,
mi fea, mi hermosura,
hecha de todo el oro
y de toda la plata,
hecha de todo el trigo
y de toda la tierra,
hecha de toda el agua
de las olas marinas,
hecha para mis brazos,
hecha para mis besos,
hecha para mi alma.

LA NOCHE EN LA ISLA

Toda la noche he dormido contigo
junto al mar, en la isla.
Salvaje y dulce eras entre el placer y el sueño,
entre el fuego y el agua.

Tal vez muy tarde
nuestros sueños se unieron
en lo alto o en el fondo,
arriba como ramas que un mismo viento mueve,
abajo como rojas raíces que se tocan.

Tal vez tu sueño
se separó del mío
y por el mar oscuro
me buscaba
como antes
cuando aún no existías,
cuando sin divisarte
navegué por tu lado,
y tus ojos buscaban
lo que ahora
—pan, vino, amor y cólera—
te doy a manos llenas
porque tú eres la copa
que esperaba los dones de mi vida.

He dormido contigo
toda la noche mientras
la oscura tierra gira
con vivos y con muertos,
y al despertar de pronto
en medio de la sombra
mi brazo rodeaba tu cintura.
Ni la noche, ni el sueño
pudieron separarnos.

He dormido contigo
y al despertar tu boca
salida de tu sueño
me dio el sabor de tierra,
de agua marina, de algas,
del fondo de tu vida,
y recibí tu beso
mojado por la aurora
como si me llegara
del mar que nos rodea.

LA PREGUNTA

Amor, una pregunta
te ha destrozado.

Yo he regresado a ti
desde la incertidumbre con espinas.

Te quiero recta como
la espada o el camino.

Pero te empeñas
en guardar un recodo
de sombra que no quiero.

Amor mío,
compréndeme,
te quiero toda,
de ojos a pies, a uñas,
por dentro,
toda la claridad, la que guardabas.

Soy yo, amor mío,
quien golpea tu puerta.
No es el fantasma, no es
el que antes se detuvo
en tu ventana.
Yo echo la puerta abajo:
yo entro en toda tu vida:
vengo a vivir en tu alma:
tú no puedes conmigo.

Tienes que abrir puerta a puerta,
tienes que obedecerme,
tienes que abrir los ojos
para que busque en ellos,

tienes que ver cómo ando
con pasos pesados
por todos los caminos
que, ciegos, me esperaban.

No me temas,
soy tuyo,
pero
no soy el pasajero ni el mendigo,
soy tu dueño,
el que tú esperabas,
y ahora entro
en tu vida,
para no salir más,
amor, amor, amor,
para quedarme.

LA PRÓDIGA

Yo te escogí entre todas las mujeres
para que repitieras
sobre la tierra
mi corazón que baila con espigas
o lucha sin cuartel cuando hace falta.

Yo te pregunto, dónde está mi hijo?

No me esperaba en ti, reconociéndome,
y diciéndome: "Llámame para salir sobre la tierra
a continuar tus luchas y tus cantos"?

Devuélveme a mi hijo!

Lo has olvidado en las puertas
del placer, oh pródiga
enemiga,
has olvidado que viniste a esta cita,
la más profunda, aquella
en que los dos, unidos, seguiremos hablando
por su boca, amor mío,
ay todo aquello
que no alcanzamos a decirnos?

Cuando yo te levanto en una ola
de fuego y sangre, y se duplica
la vida entre nosotros,
acuérdate
que alguien nos llama
como nadie jamás nos ha llamado,
y que no respondemos
y nos quedamos solos y cobardes
ante la vida que negamos.

Pródiga,
abre las puertas,
y que en tu corazón
el nudo ciego
se desenlace y vuele
con tu sangre y la mía
por el mundo!

EL AMOR DEL SOLDADO

En plena guerra te llevó la vida
a ser el amor del soldado.

Con tu pobre vestido de seda,
tus uñas de piedra falsa
te tocó caminar por el fuego.

Ven acá, vagabunda,
ven a beber sobre mi pecho
rojo rocío.

No querías saber dónde andabas,
eras la compañera de baile,
no tenías partido ni patria.

Y ahora a mi lado caminando
ves que conmigo va la vida
y que detrás está la muerte.

Ya no puedes volver a bailar
con tu traje de seda en la sala.

Te vas a romper los zapatos,
pero vas a crecer en la marcha.

Tienes que andar sobre las espinas
dejando gotitas de sangre.

Bésame de nuevo, querida.

Limpia ese fusil, camarada.

LAS UVAS Y EL VIENTO

(1954)

PALABRAS A EUROPA

Yo, americano de las tierras pobres,
de las metálicas mesetas,
en donde el golpe del hombre contra el hombre
se agrega al de la tierra sobre el hombre.
Yo, americano errante,
huérfano de los ríos y de los
volcanes que me procrearon,
a vosotros, sencillos europeos
de las calles torcidas,
humildes propietarios de la paz y el aceite,
sabios tranquilos como el humo,
yo os digo: aquí he venido
a aprender de vosotros,
de unos y otros, de todos,
porque de qué me serviría
la tierra, para qué se hicieron
el mar y los caminos,
sino para ir mirando y aprendiendo
de todos los seres un poco.
No me cerréis la puerta
(como las puertas negras, salpicadas de sangre
de mi materna España).
No me mostréis la guadaña enemiga
ni el escuadrón blindado,
ni las antiguas horcas para el nuevo ateniense,
en las anchas vías gastadas
por el resplandor de las uvas.
No quiero ver un soldadito muerto

con los ojos comidos.
Mostradme de una patria a otra
el infinito hilo de la vida
cosiendo el traje de la primavera.
Mostradme una máquina pura,
azul de acero bajo el grueso aceite,
lista para avanzar en los trigales.
Mostradme el rostro lleno de raíces
de Leonardo, porque ese rostro
es vuestra geografía,
y en lo alto de los montes,
tantas veces descritos y pintados.
vuestras banderas juntas
recibiendo
el viento electrizado.

Traed agua del Volga fecundo
al agua del Arno dorado.
Traed semillas blancas
de la resurrección de Polonia,
y de vuestras viñas llevad
el dulce fuego rojo
al Norte de la nieve!
Yo, americano, hijo
de las más anchas soledades del hombre,
vine a aprender la vida de vosotros
y no la muerte, y no la muerte!
Yo no crucé el océano,
ni las mortales cordilleras,
ni la pestilencia salvaje
de las prisiones paraguayas,
para venir a ver
junto a los mirtos que sólo conocía
en los libros amados,
vuestras cuencas sin ojos y vuestra sangre seca
en los caminos.

Yo a la miel antigua y al nuevo

esplendor de la vida he venido.
Yo a vuestra paz y a vuestras puertas,
a vuestras lámparas encendidas,
a vuestras bodas he venido.
A vuestras bibliotecas solemnes
desde tan lejos he venido.
A vuestras fábricas deslumbrantes
llego a trabajar un momento
y a comer entre los obreros.
En vuestras casas entro y salgo.
En Venecia, en Hungría la bella,
en Copenhague me veréis,
en Leningrado, conversando
con el joven Pushkin, en Praga
con Fucik, con todos los muertos
y todos los vivos, con todos
los metales verdes del Norte
y los claveles de Salerno.
Yo soy el testigo que llega
a visitar vuestra morada.
Ofrecedme la paz y el vino.

Mañana temprano me voy.

Me está esperando en todas partes
la primavera.

REGRESÓ LA SIRENA

Amor, como si un día
te murieras,
y yo cavara

y yo cavara
noche y día
en tu sepulcro
y te recompusiera,
levantara tus senos desde el polvo,
la boca que adoré, de sus cenizas,
construyera de nuevo
tus brazos y tus piernas y tus ojos,
tu cabellera de metal torcido,
y te diera la vida
con el amor que te ama,
te hiciera andar de nuevo,
palpitar otra vez en mi cintura,
así, amor, levantaron de nuevo
la ciudad de Varsovia.

Yo llegaría ciego a tus cenizas
pero te buscaría,
y poco a poco irías elevando
los edificios dulces de tu cuerpo,
y así encontraron ellos
en la ciudad amada
sólo viento y ceniza,
fragmentos arrasados,
carbones que lloraban en la lluvia,
sonrisas de mujer bajo la nieve.
Muerta estaba la bella,
no existían ventanas,
la noche se acostaba sobre la blanca muerta,
el día iluminaba la pradera vacía.

Y así la levantaron,
con amor, y llegaron
ciegos y sollozantes,
pero cavaron hondo,
limpiaron la ceniza.
Era tarde, la noche,
el cansancio, la nieve

144

detenían la pala,
y ellos cavando hallaron
primero la cabeza,
los blancos senos de la dulce muerta,
su traje de sirena,
y al fin el corazón bajo la tierra,
enterrado y quemado pero vivo,
y hoy vive vivo, palpitando en medio
de la reconstrucción de su hermosura.

Ahora comprendes cómo
el amor construyó las avenidas,
hizo cantar la luna en los jardines.
Hoy cuando
pétalo a pétalo cae la nieve
sobre los techos y los puentes
y el invierno golpea
las puertas de Varsovia,
el fuego, el canto
viven de nuevo en los hogares
que edificó el amor sobre la muerte.

.Ay de aquellos que huyeron y creyeron
escapar con la poesía:
no saben que el amor está en Varsovia,
y que cuando la muerte
allí fue derrotada,
y cuando el río pasa,
reconociendo seres y destinos,
como dos flores de perfume y plata,
ciudad y poesía,
en sus cúpulas claras
guardan la luz, el fuego y el pan de su destino.

Varsovia milagrosa,
corazón enterrado
de nuevo vivo y libre,
ciudad en que se prueba

cómo el hombre es más grande
que toda la desdicha,
Varsovia, déjame
tocar tus muros.

No están hechos de piedra o de madera,
de esperanza están hechos,
y el que quiera tocar la esperanza,
materia firme y dura,
tierra tenaz que canta,
metal que reconstruye,
arena indestructible,
cereal infinito,
miel para todos los siglos,
martillo eterno,
estrella vencedora,
herramienta invencible,
cemento de la vida,
la esperanza,
que aquí la toquen,
que aquí sientan en ella cómo sube
la vida y la sangre de nuevo,
porque el amor, Varsovia,
levantó tu estatura de sirena
y si toco tus muros,
tu piel sagrada,
comprendo
que eres la vida y que en tus muros
ha muerto, al fin, la muerte.

LA PASAJERA DE CAPRI

De dónde, planta o rayo,
de dónde, rayo negro o planta dura,
venías y viniste
hasta el rincón marino?

Sombra del continente más lejano
hay en tus ojos, luna abierta
en tu boca salvaje,
y tu rostro es el párpado de una fruta dormida.
El pezón satinado de una estrella es tu forma,
sangre y fuego de antiguas lanzas hay en tus
    labios.

De dónde recogiste
pétalos transparentes
de manantial, de dónde
trajiste la semilla
que reconozco? Y luego
el mar de Capri en ti, mar extranjero,
detrás de ti las rocas, el aceite,
la recta claridad bien construida,
pero tú, yo conozco,
yo conozco esa rosa,
yo conozco la sangre de esa rosa,
yo sé que la conozco,
yo sé de dónde viene,
y huelo el aire libre de ríos y caballos
que tu presencia trae a mi memoria.
Tu cabellera es una carta roja
llena de bruscos besos y noticias,
tu afirmación, tu investidura clara
me hablan a mediodía,
a medianoche llaman a mi puerta
como si adivinaran
adónde quieren regresar mis pasos.

Tal vez, desconocida,
la sal de Maracaibo
suena en tu voz llenándola de sueño,
o el frío viento de Valparaíso
sacudió tu razón cuando crecías.
Lo cierto es que hoy, mirándote al pasar
entre las aves de pecho rosado
de los farellones de Capri,
la llamarada de tus ojos, algo·
que vi volar desde tu pecho, el aire
que rodea tu piel, la luz nocturna
que de tu corazón sin duda sale,
algo llegó a mi boca
con un sabor de flor que conocía,
algo tiñó mis labios con el licor oscuro
de las plantas silvestres de mi infancia,
y yo pensé: Esta dama,
aunque el clásico azul derrame todos
los racimos del cielo en su garganta,
aunque detrás de ella los templos
nimben con su blancura coronada
tanta hermosura,
ella no es, ella es otra,
algo crepita en ella que me llama:
toda la tierra que me dio la vida
está en esta mirada, y estas manos
sutiles
recogieron el agua en la vertiente
y estos menudos pies fueron midiendo
las volcánicas islas de mi patria.

Oh tú, desconocida, dulce y dura,
cuando ya tu paso
descendió hasta perderse,
y sólo las columnas
del templo roto y el zafiro verde
del mar que canta en mi destierro
quedaron solos, solos

conmigo y con tu sombra,
mi corazón dio un gran latido,
como si una gran piedra sostenida
en la invisible altura
cayera de repente
sobre el agua y saltaran las espumas.

Y desperté de tu presencia entonces
con el rostro regado
por tu salpicadura,
agua y aroma y sueño,
distancia y tierra y ola!

CUÁNDO DE CHILE

Oh Chile, largo pétalo
de mar y vino y nieve,
ay cuándo
ay cuándo y cuándo
ay cuándo
me encontraré contigo,
enrollarás tu cinta
de espuma blanca y negra en mi cintura,
desencadenaré mi poesía
sobre tu territorio.

Hay hombres
mitad pez, mitad viento,
hay otros hombres hechos de agua.
Yo estoy hecho de tierra.
Voy por el mundo
cada vez más alegre:

cada ciudad me da una nueva vida.
El mundo está naciendo.
Pero si llueve en Lota
sobre mí cae la lluvia,
si en Lonquimay la nieve
resbala de las hojas
llega la nieve donde estoy.
Crece en mí el trigo oscuro de Cautín.
Yo tengo una araucaria en Villarrica,
tengo arena en el Norte Grande,
tengo una rosa rubia en la provincia,
y el viento que derriba
la última ola de Valparaíso
me golpea en el pecho
con un ruido quebrado
como si allí tuviera
mi corazón una ventana rota.

El mes de octubre ha llegado hace
tan poco tiempo del pasado octubre
que cuando éste llegó fue como si
me estuviera mirando el tiempo inmóvil.
Aquí es otoño. Cruzo
la estepa siberiana.
Día tras día todo es amarillo,
el árbol y la usina,
la tierra y lo que en ella el hombre nuevo crea:
hay oro y llama roja,
mañana inmensidad, nieve, pureza.

En mi país la primavera
viene de norte a sur con su fragancia.
Es como una muchacha
que por las piedras negras de Coquimbo,
por la orilla solemne de la espuma
vuela con pies desnudos
hasta los archipiélagos heridos.
No sólo territorio, primavera,

llenándome, me ofreces.
No soy un hombre solo.
Nací en el sur. De la frontera
traje las soledades y el galope
del último caudillo.
Pero el Partido me bajó del caballo
y me hice hombre, y anduve
los arenales y las cordilleras
amando y descubriendo.

Pueblo mío, verdad que en primavera
suena mi nombre en tus oídos
y tú me reconoces
como si fuera un río
que pasa por tu puerta?

Soy un río. Si escuchas
pausadamente bajo los salares
de Antofagasta, o bien
al sur de Osorno
o hacia la cordillera, en Melipilla,
o en Temuco, en la noche
de astros mojados y laurel sonoro,
pones sobre la tierra tus oídos,
escucharás que corro
sumergido, cantando.

Octubre, oh primavera,
devuélveme a mi pueblo.
Qué haré sin ver mil hombres,
mil muchachas,
qué haré sin conducir sobre mis hombros
una parte de la esperanza?
Qué haré sin caminar con la bandera
que de mano en mano en la fila
de nuestra larga lucha
llegó a las manos mías?

Ay Patria, Patria,
ay patria, cuándo
ay cuándo y cuándo
cuándo
me encontraré contigo?

Lejos de ti
mitad de tierra tuya y hombre tuyo
he continuado siendo,
y otra vez hoy la primavera pasa.
Pero yo con tus flores me he llenado,
con tu victoria voy sobre la frente
y en ti siguen viviendo mis raíces.

Ay cuándo
encontraré tu primavera dura,
y entre todos tus hijos
andaré por tus campos y tus calles
con mis zapatos viejos.
Ay cuándo
iré con Elías Lafferte
por toda la pampa dorada.
Ay cuándo a ti te apretaré la boca,
chilena que me esperas,
con mis labios errantes?
Ay cuándo
podré entrar en la sala del Partido
a sentarme con Pedro Fogonero,
con el que no conozco y sin embargo
es más hermano mío que mi hermano.
Ay cuándo
me sacará del sueño un trueno verde
de tu manto marino.
Ay cuándo, Patria, en las elecciones
iré de casa en casa recogiendo
la libertad temerosa
para que grite en medio de la calle.
Ay cuándo, Patria,

te casarás conmigo
con ojos verdemar y vestido de nieve
y tendremos millones de hijos nuevos
que entregarán la tierra a los hambrientos.

Ay Patria sin harapos,
ay primavera mía,
ay cuándo
ay cuándo y cuándo
despertaré en tus brazos
empapado de mar y de rocío.
Ay cuando yo esté cerca
de ti, te tomaré de la cintura,
nadie podrá tocarte,
yo podré defenderte
cantando,
cuando
vaya contigo, cuando
vayas conmigo, cuándo
ay cuándo.

ODAS ELEMENTALES

(1954)

ODA AL CALDILLO DE CONGRIO

En el mar
tormentoso
de Chile
vive el rosado congrio,
gigante anguila
de nevada carne.
Y en las ollas
chilenas,
en la costa,
nació el caldillo
grávido y suculento,
provechoso.
Lleven a la cocina
el congrio desollado,
su piel manchada cede
como un guante
y al descubierto queda
entonces
el racimo del mar,
el congrio tierno
reluce
ya desnudo,
preparado
para nuestro apetito.
Ahora
recoges
ajos,
acaricia primero

ese marfil
precioso,
huele
su fragancia iracunda,
entonces
deja el ajo picado
caer con la cebolla
y el tomate
hasta que la cebolla
tenga color de oro.
Mientras tanto
se cuecen
con el vapor
los regios
camarones marinos
y cuando ya llegaron
a su punto,
cuando cuajó el sabor
en una salsa
formada por el jugo
del océano
y por el agua clara
que desprendió la luz de la cebolla,
entonces
que entre el congrio
y se sumerja en gloria,
que en la olla
se aceite,
se contraiga y se impregne,
Ya sólo es necesario
dejar en el manjar
caer la crema
como una rosa espesa,
y al fuego
lentamente
entregar el tesoro
hasta que en el caldillo
se calienten

las esencias de Chile,
y a la mesa
lleguen recién casados
los sabores
del mar y de la tierra
para que en ese plato
tú conozcas el cielo.

ODA A LA MALVENIDA

Planta de mi país, rosa de tierra,
estrella trepadora,
zarza negra,
pétalo de la luna en el océano
que amé con sus desgracias y sus olas,
con sus puñales y sus callejones,
amapola
erizada,
clavel de nácar negro,
por qué
cuando mi copa
desbordó y cuando
mi corazón cambió de luto a fuego,
cuando no tuve para ti, para ofrecerte,
lo que toda la vida te esperaba,
entonces
tú llegaste,
cuando letras quemantes
van ardiendo en mi frente,
por qué la línea pura
de tu nupcial contorno
llegó como un anillo

rodando por la tierra?
No debías
de todas y de todas
llegar a mi ventana
como un jazmín tardío.
No eras, oh llama oscura,
la que debió tocarme
y subir con mi sangre
hasta mi boca.
Ahora
qué puedo contestarte?
Consúmete,
no esperes,
no hay espera
para tus labios de piedra nocturna.
Consúmete,
tú en tu llama,
yo en mi fuego,
y ámame
por el amor que no pudo esperarte,
ámame en lo que tú y yo
tenemos de piedra o de planta:
seguiremos viviendo
de lo que no nos dimos:
del hombro en que no pudo reclinarse
    una rosa,
de una flor que su propia quemadura
    ilumina.

ODA AL MAR

Aquí en la isla
el mar
y cuánto mar

se sale de sí mismo
a cada rato,
dice que sí, que no,
que no, que no, que no,
dice que sí, en azul,
en espuma, en galope,
dice que no, que no.
No puede estarse quieto,
me llamo mar, repite
pegando en una piedra
sin lograr convencerla,
entonces
con siete lenguas verdes
de siete perros verdes,
de siete tigres verdes,
de siete mares verdes,
la recorre, la besa,
la humedece
y se golpea el pecho
repitiendo su nombre.
Oh mar, así te llamas,
oh camarada océano,
no pierdas tiempo y agua,
no te sacudas tanto,
ayúdanos,
somos los pequeñitos
pescadores,
los hombres de la orilla,
tenemos frío y hambre,
eres nuestro enemigo,
no golpees tan fuerte,
no grites de ese modo,
abre tu caja verde
y déjanos a todos
en las manos
tu regalo de plata:
el pez de cada día.

Aquí en cada casa
lo queremos
y aunque sea de plata,
de cristal o de luna,
nació para las pobres
cocinas de la tierra.
No lo guardes,
avaro,
corriendo frío como
relámpago mojado
debajo de tus olas.
Ven, ahora,
ábrete
y déjalo
cerca de nuestras manos,
ayúdanos, océano,
padre verde y profundo,
a terminar un día
la pobreza terrestre.
Déjanos
cosechar la infinita
plantación de tus vidas,
tus trigos y tus uvas,
tus bueyes, tus metales,
el esplendor mojado
y el fruto sumergido.

Padre mar, ya sabemos
cómo te llamas, todas
las gaviotas reparten
tu nombre en las arenas:
ahora, pórtate bien,
no sacudas tus crines,
no amenaces a nadie,
no rompas contra el cielo
tu bella dentadura,
déjate por un rato
de gloriosas historias,

danos a cada hombre,
a cada
mujer y a cada niño,
un pez grande o pequeño
cada día.
Sal por todas las calles
del mundo
a repartir pescado
y entonces
grita,
grita
para que te oigan todos
los pobres que trabajan
y digan,
asomando a la boca
de la mina:
"Ahí viene el viejo mar
repartiendo pescado".
Y volverán abajo,
a las tinieblas,
sonriendo, y por las calles
y los bosques
sonreirán los hombres
y la tierra
con sonrisa marina.

Pero
si no lo quieres,
si no te da la gana,
espérate,
espéranos,
lo vamos a pensar,
vamos en primer término
a arreglar los asuntos
humanos,
los más grandes primero,
todos los otros después,
y entonces

entraremos en ti,
cortaremos las olas
con cuchillo de fuego,
en un caballo eléctrico
saltaremos la espuma,
cantando
nos hundiremos
hasta tocar el fondo
de tus entrañas,
un hilo atómico
guardará tu cintura,
plantaremos
en tu jardín profundo
plantas
de cemento y acero,
te amarraremos
pies y manos,
los hombres por tu piel
pasearán escupiendo,
sacándote racimos,
construyéndote arneses,
montándote y domándote,
dominándote el alma.
Pero eso será cuando
los hombres
hayamos arreglado
nuestro problema,
el grande,
el gran problema.
Todo lo arreglaremos
poco a poco:
te obligaremos, mar,
te obligaremos, tierra,
a hacer milagros,
porque en nosotros mismos,
en la lucha,
está el pez, está el pan,
está el milagro.

VIAJES
(1955)

VIAJE AL CORAZÓN DE QUEVEDO
(FRAGMENTO)

A mí me hizo la vida recorrer los más lejanos sitios del mundo antes de llegar al que debió ser mi punto de partida: España. Y en la vida de mi poesía, en mi pequeña historia de poeta, me tocó conocerlo casi todo antes de llegar a Quevedo.

Así también, cuando pisé·España, cuando puse los pies en las piedras polvorientas de sus pueblos· dispersos, cuando me cayó en la frente y en el alma la sangre de sus heridas, me di cuenta de una parte original de mi existencia, de una base roquera donde está temblando aún la cuna de la sangre.

Nuestras praderas, nuestros volcanes, nuestra frente abrumada por tanto esplendor volcánico y fluvial, pudieron hace ya tiempo construir en esta desértica fortaleza el arma de fuego capaz de horadar la noche. Hasta hoy, de los genios poéticos nacidos en nuestra tierra virginal, dos son franceses y dos son afrancesados. Hablo de los uruguayos Julio Laforgue e Isidoro Ducasse, y de Rubén Darío y Julio Herrera y Reissig. Nuestros dos primeros compatriotas, Isidoro Ducasse y Julio Laforgue, abandonan América a corta edad de ellos y de América. Dejan desamparado el vasto territorio vital que en vez de procrearlos con torbellinos de papel y con ilusiones caninas, los levanta y los llena del soplo masculino y terrible que produce en nuestro continente, con la misma sinrazón y el mismo desequilibrio, el hocico sangriento del puma, el caimán devorador y destructor y la pampa llena de trigo para que la humanidad entera no olvide, a través de nosotros, su comienzo, su origen.

América llena, a través de Laforgue y de Ducasse, las calles enrarecidas de Europa con una flora ardiente y helada, con unos fantasmas que desde entonces la poblarán para siempre. El payaso lunático de Laforgue no ha recibido la luna inmensa de las pampas en vano: su resplandor lunar es mayor que la vieja luna de todos los siglos: la luna apostrofada, virulenta y amarilla de Europa. Para sacar a la luz de la noche una luz tan lunar, se necesitaba haberla recibido en una tierra resplandeciente de astros recién creados, de planeta en formación, con estepas llenas aún de rocío salvaje. Isidoro Ducasse, conde de Lautréamont, es americano, uruguayo, chileno, colombiano, nuestro. Pariente de gauchos, de cazadores de cabezas del Caribe remoto, es un héroe sanguinario de la tenebrosa profundidad de nuestra América. Corren en su desértica literatura los caballistas machos, los colonos del Uruguay, de la Patagonia, de Colombia. Hay en él un ambiente geográfico de exploración gigantesca y una fosforescencia marítima que no la da el Sena, sino la flora torrencial del Amazonas y el abstracto nitrato, el cobre longitudinal, el oro agresivo y las corrientes activas y caóticas que tiñen la tierra y el mar de nuestro planeta americano.

Pero a lo americano no estorba lo español, porque a la tierra no estorba la piedra ni la vegetación. De la piedra española, de los aledaños gastados por las pisadas de un mundo tan nuestro como el nuestro, tan puro como nuestra pureza, tan original como nuestro origen, tenía que salir el caudaloso camino del descubrimiento y de la conquista. Pero, si España ha olvidado con elegancia inmemorial su epopeya de conquista, América olvidó y le enseñaron a olvidar su conquista de España, la conquista de su herencia cultural. Pasaron las semanas, y los años endurecieron el hielo y cerraron las puertas del camino duro que nos unía a nuestra madre.

Y yo venía de una atmósfera cargada de aroma, inundada por nuestros despiadados ríos. Hasta entonces viví sujeto por el tenebroso poder de grandes selvas: la madera nueva, recién cortada, había traspasado mi ropa: estaba acostumbrado a las riberas inmensamente pobladas de pájaros y vapor donde, en el fondo, entre las conflagraciones de agua y lodo, se oyen chapotear pequeñas embarcaciones selváticas. Pasé por estaciones en que la madera recién llegaba de los bosques, precipitada desde las riberas de ríos rápidos y torrenciales, y en las provincias tropicales de América, junto a los plátanos amontonados y su olor decadente, vi atravesar de noche las columnas de mariposas, las divisiones de luciérnagas y el paso desamparado de los hombres.

Quevedo fue para mí la roca tumultuosamente cortada, la superficie sobresaliente y cortante sobre un fondo de color de arena, sobre un paisaje histórico que recién me comenzaba a nutrir. Los mismos oscuros dolores que quise vanamente formular, y que tal vez se hicieron en mi extensión y geografía, confusión de origen, palpitación vital para nacer, los encontré detrás de España, plateada por los siglos, en lo íntimo de la estructura de Quevedo. Fue entonces mi padre mayor y mi visitador de España. Vi a través de su espectro la grave osamenta, la muerte física, tan arraigada a España. Este gran contemplador de osarios me mostraba lo sepulcral, abriéndose paso entre la materia muerta, con un desprecio imperecedero por lo falso, hasta en la muerte. Le estorbaba el aparato de lo mortal: iba en la muerte derecho a nuestra consumación, a lo que llamó con palabras únicas "la agricultura de la muerte". Pero cuanto le rodeaba, la necrología adorativa, la pompa y el sepulturero fueron sus repugnantes enemigos. Fue sacando ropaje de los vivos, su obra fue retirar caretas de los altos enmascarados, para preparar al hombre a la muerte desnuda, donde las apariencias humanas serán más inútiles que la cáscara del fruto caído. Sólo la semilla vuelve a la tierra con el derecho de su desnudez original.

Por eso para Quevedo la metafísica es inmensamente física, lo más material de su enseñanza. Hay una sola enfermedad que mata, y ésa es la vida. Hay un solo paso, y es el camino hacia la muerte. Hay una manera sola de gasto y de mortaja, es el paso arrastrador del tiempo que nos conduce. Nos conduce adónde? Si al nacer empezamos a morir, si cada día nos acerca a un límite determinado, si la vida misma es una etapa patética de la muerte, si el mismo minuto de brotar avanza hacia el desgaste del cual la hora final es sólo la culminación de este transcurrir, no integramos la muerte en nuestra cuotidiana existencia, no somos parte perpetua de la muerte, no somos lo más audaz, lo que ya salió de la muerte? No es lo más mortal, lo más viviente, por su mismo misterio?

Por eso, en tanta región incierta, Quevedo me dio a mí una enseñanza clara y biológica. No es el transcurriremos en vano, no es el Eclesiastés ni el Kempis, adornos de la necrología, sino la llave adelantada de las vidas. Si ya hemos muerto, si venimos de la profunda crisis, perderemos el temor a la muerte. Si el paso más grande de la muerte es el nacer, el paso menor de la vida es el morir.

Por eso la vida se acrecienta en la doctrina quevedesca como yo lo he experimentado, porque Quevedo ha sido para mí no una lectura sino una experiencia viva, con toda la rumorosa materia de la vida. Así tienen en él su explicación la abeja, la construcción del topo, los recónditos misterios florales. Todos han pasado la etapa oscura de la muerte, todos se van gastando hasta el final, hasta el aniquilamiento puro de la materia. Tiene su explicación el hombre y su borrasca, la lucha de su pensamiento, la errante habitación de los seres.

La borrascosa vida de Quevedo, no es un ejemplo de comprensión de la vida y sus deberes de lucha? No hay acontecimiento de su época que no lleve algo de su fuego activo. Lo conocen todas las Embajadas y él conoce todas las miserias. Lo conocen todas las prisiones, y él conoce todo el esplendor. No hay nada que escape a su herejía en movimiento: ni los descubrimientos geográficos, ni la búsqueda de la verdad. Pero donde ataca con lanza y con linterna es en la gran altura. Quevedo es el enemigo viviente del linaje gubernamental. Quevedo es el más popular de todos los escritores de España, más popular que Cervantes, más indiscreto que Mateo Alemán. Cervantes saca de lo limitado humano toda su perspectiva grandiosa, Quevedo viene de la interrogación agorera, de descifrar los más oscuros estados, y su lenguaje popular está impregnado de su saber político y de su sabiduría doctrinaria. Lejos de mí pretender estas rivalidades en el cauce apagado de las horas. Pero cuando a través de mi viaje, recién iluminado por la oscura fosforescencia del océano, llegué a Quevedo, desembarqué en Quevedo, fui recorriendo esas costas substanciales de España hasta conocer su abstracción y su páramo, su racimo y su altura, y escoger lo determinativo que me esperaba.

Me fue dado a conocer a través de galerías subterráneas de muertos las nuevas germinaciones, lo espontáneo de la avena, lo soterrado de sus nuevas viñas, y las nuevas cristalinas campanas. Cristalinas campanas de España, que me llamaban desde ultramar, para dominar en mí lo insaciable, para descarnar los límites territoriales del espíritu, para mostrarme la base secreta y dura del conocimiento. Campanas de Quevedo levemente teñidas por funerales y carnavales de antiguo tiempo, interrogación esencial, caminos populares con vaqueros y mendigos, con príncipes absolutistas y con la verdad harapienta cerca del mercado. Campanas de España vieja y Quevedo inmortal, donde pude reunir mi escuela de sollozos, mis adioses a través de los ríos a unas cuantas páginas de piedra en donde estaba ya determinado mi pensamiento.

NUEVAS
ODAS ELEMENTALES

(1956)

ODA AL HÍGADO

Modesto,
organizado
amigo,
trabajador
profundo,
déjame darte el ala
de mi canto,
el golpe
de aire,
el salto
de mi oda:
ella nace
de tu invisible
máquina,
ella vuela
desde tu infatigable
y encerrado molino,
entraña
delicada
y poderosa,
siempre
viva y oscura.
Mientras
el corazón suena y atrae
la partitura de la mandolina,
allí adentro
tú filtras
y repartes,

separas
y divides,
multiplicas
y engrasas,
subes
y recoges
los hilos y los gramos
de la vida, los últimos
licores,
las íntimas esencias.

Víscera
submarina,
medidor
de la sangre,
vives
lleno de manos
y de ojos,
midiendo y trasvasando
en tu escondida
cámara
de alquimista.
Amarillo
es tu sistema
de hidrografía roja,
buzo
de la más peligrosa
profundidad del hombre,
allí escondido
siempre,
sempiterno,
en la usina,
silencioso.
Y todo
sentimiento
o estímulo
creció en tu maquinaria,
recibió alguna gota

de tu elaboración
infatigable,
al amor agregaste
fuego o melancolía,
una pequeña
célula equivocada
o una fibra
gastada en tu trabajo
y el aviador se equivoca de cielo,
el temor se derrumba en un silbido,
al astrónomo se le pierde un planeta.

Cómo brillan arriba
los hechiceros ojos
de la rosa,
los labios
del clavel
matutino!
Cómo ríe
en el río
la doncella!
Y abajo
el filtro y la balanza,
la delicada química
del hígado,
la bodega
de los cambios sutiles:
nadie
lo ve o lo canta,
pero,
cuando
envejece
o desgasta su mortero,
los ojos de la rosa se acabaron,
el clavel marchitó su dentadura

y la doncella no cantó en el río.
Austera parte
o todo
de mí mismo,
abuelo
del corazón,
molino
de energía:
te canto
y temo
como si fueras juez,
metro,
fiel implacable,
y si no puedo
entregarme amarrado a la pureza,
si el excesivo
manjar
o el vino hereditario de mi patria
pretendieron
perturbar mi salud
o el equilibrio de mi poesía,
de ti,
monarca oscuro,
distribuidor de mieles y venenos,
regulador de sales,
de ti espero justicia:
Amo la vida: Cúmpleme! Trabaja!
No detengas mi canto.

ODA AL NIÑO DE LA LIEBRE

A la luz del otoño
en el camino

el niño
levantaba en sus manos
no una flor
ni una lámpara
sino una liebre muerta.

Los motores rayaban
la carretera fría,
los rostros no miraban
detrás
de los cristales,
eran ojos
de hierro,
orejas
enemigas,
rápidos dientes
que relampagueaban
resbalando
hacia el mar y las ciudades,
y el niño
del otoño
con su liebre,
huraño
como un cardo,
duro
como una piedrecita,
allí
levantando
una mano
hacia la exhalación
de los viajeros.
Nadie
se detenía.

Eran pardas
las altas cordilleras,
cerros
color de puma

perseguido,
morado
era
el silencio
y como
dos ascuas
de diamante
negro
eran
los ojos
del niño con su liebre,
dos puntas
erizadas
de cuchillo,
dos cuchillitos negros,
eran los ojos
del niño,
allí perdido
ofreciendo su liebre
en el inmenso
otoño
del camino.

TERCER LIBRO
DE LAS ODAS

(1957)

ODA A LA VIEJA ESTACIÓN MAPOCHO, EN SANTIAGO DE CHILE

Antiguo hangar echado
junto al río,
puerta del mar,
vieja Estación rosada,
bajo cuyas
ferruginosas cavidades
sueños y trenes
saliendo desbocados
trepidaron
hacia las olas y las ciudades.
El humo, el sueño, el hombre
fugitivo,
el movimiento,
el llanto,
el humo, la alegría
y el invierno
carcomieron tus muros,
corroyeron tus arcos,
y eres hoy una pobre
catedral que agoniza.

Se fugaron los dioses
y entran como ciclones
los trenes ahuyentando las distancias.
De otro tiempo gentil

y miserable
eres
y tu nave de hierro
alimentó las crinolinas
y los sombreros altos,
mientras
sórdida era la vida de los pobres
que como un mar amargo
te rodeaba.
Era el pasado, el pueblo
sin banderas,
y tú resplandecías
luminosa
como una jaula nueva:
con su cinta de barro
el río Mapocho
rascaba tus
paredes,
y los niños dormían
en las alas del hambre.

Vieja Estación, no sólo
transcurrían
las aguas del Mapocho
hacia el océano,
sino también
el tiempo.
Las elegantes
aves
que
partían
envejecieron o
murieron en París, de alcoholismo.
Otra gente
llegó,
llenó los trenes,
mal vestidos viajeros,
con canastos,

banderas
sobre amenazadoras multitudes,
y la vieja Estación
reaccionaria
se marchitó. La vida
creció y multiplicó su poderío
alrededor de todos los viajeros,
y ella, inmóvil, sagrada,
envejeció, dormida
junto al río.
Oh antigua
Estación,
fresca como un túnel,
fueron
contigo
hacia los siete océanos
mis sueños,
hacia Valparaíso,
hacia las islas
puras,
hacia el escalofrío de la espuma
bajo
la rectitud
de las palmeras!

En tus andenes
no sólo
los viajeros olvidaron
pañuelos,
ramos
de rosas apagadas,
llaves,
sino
secretos, vidas,
esperanzas.
Ay, Estación,
no sabe
tu silencio

que fuiste
las puntas de una estrella
derramada
hacia la magnitud
de las mareas,
hacia
la lejanía
en los caminos!

Te acostumbró
la noche
a su vestido
y el día
fue
terrible
para tu viejo rostro
allí
pintado falsamente
para una fiesta,
mientras tu subterráneo
corazón
se nutría
de distantes adioses
y raíces

Te amo,
vieja Estación
que junto
al río oscuro,
a la corriente turbia
del Mapocho,
fundaste,
con sombras pasajeras,
tu propio río
de amor intermitente, interminable.

ODA CON NOSTALGIAS DE CHILE

Eɴ tierras argentinas
vivo y muero
penando por mi patria,
escogiendo
de día lo que a Chile me recuerda,
de noche las estrellas
que arden al otro lado de la nieve.

Andando las llanuras,
extraviado en la palma del espacio,
descifrando las hierbas
de la pampa, verbenas,
matorrales, espinas,
me parece que el cielo los aplasta:
el cielo, única flor de la pradera.

Grande es el aire vivo, la intemperie
total y parecemos
desnudos, solos en el infinito
y oloroso silencio.
Plana es la tierra como
tirante cuero de tambor: galopes,
hombre, historia,
desaparecen en la lejanía.

A mí dadme los verdes
laberintos,
las esbeltas
vertientes
de los Andes, y bajo los parrones,
amada, tu cintura
de guitarra!

A mí dadme las olas
que sacuden

el cuerpo cristalino
de mi patria,
dejadme al Este ver cómo se eleva
la majestad del mundo
en un collar altivo de volcanes
y a mis pies sólo el sello
de la espuma,
nieve del mar, eterna platería!

Americano
soy
y se parece
a la pampa extendida
mi corazón, lo cruzan
los caminos
y me gusta
que en él enciendan fuego
y vuelen y galopen
pájaros y viajeros.

Pero mi cuerpo, Patria,
reclama tu substancia:
metálicas montañas desde donde
el habitante baja, enamorado,
entre vegetaciones minerales
hacia el susurro de los valles verdes.

Amor de mis amores,
tierra pura,
cuando vuelva
me amarraré a tu proa
de embarcación terrestre,
y así navegaremos
confundidos
hasta que tú me cubras
y yo pueda, contigo, eternamente,
ser vino que regresa en cada otoño,
piedra de tus alturas,
ola de tu marino movimiento!

ESTRAVAGARIO

(1958)

PIDO SILENCIO

Ahora me dejen tranquilo.
Ahora se acostumbren sin mí.

Yo voy a cerrar los ojos.

Y sólo quiero cinco cosas,
cinco raíces preferidas.

Una es el amor sin fin.

Lo segundo es ver el otoño.
No puedo ser sin que las hojas
vuelen y vuelvan a la tierra.

Lo tercero es el grave invierno,
la lluvia que amé, la caricia
del fuego en el frío silvestre.

En cuarto lugar el verano
redondo como una sandía.

La quinta cosa son tus ojos,
Matilde mía, bienamada,
no quiero dormir sin tus ojos,
no quiero ser sin que me mires:
yo cambio la primavera
por que tú me sigas mirando.

Amigos, eso es cuanto quiero.
Es casi nada y casi todo.

Ahora si quieren se vayan.

He vivido tanto que un día
tendrán que olvidarme por fuerza,
borrándome de la pizarra:
mi corazón fue interminable.

Pero porque pido silencio
no crean que voy a morirme:
me pasa todo lo contrario:
sucede que voy a vivirme.

Sucede que soy y que sigo.

No será, pues, sino que adentro
de mí crecerán cereales,
primero los granos que rompen
la tierra para ver la luz,
pero la madre tierra es oscura:
y dentro de mí soy oscuro:
soy como un pozo en cuyas aguas
la noche deja sus estrellas
y sigue sola por el campo.

Se trata de que tanto he vivido
que quiero vivir otro tanto.

Nunca me sentí tan sonoro,
nunca he tenido tantos besos.

Ahora, como siempre, es temprano.
Vuela la luz con sus abejas.

Déjenme solo con el día.
Pido permiso para nacer.

REGRESO A UNA CIUDAD

A qué he venido? les pregunto.

Quién soy en esta ciudad muerta?

No encuentro la calle ni el techo
de la loca que me quería.

Los cuervos, no hay duda, en las ramas,
el Monzón verde y furibundo,
el escupitajo escarlata
en las calles desmoronadas,
el aire espeso, pero dónde,
pero dónde estuve, quién fui?
No entiendo sino las cenizas.

El vendedor de betel mira
sin reconocer mis zapatos,
mi rostro recién resurrecto.
Tal vez su abuelo me diría:
"Salam" pero sucede
que se cayó mientras volaba,
se cayó al pozo de la muerte.

En tal edificio dormí
catorce meses y sus años,
escribí desdichas,
mordí
la inocencia de la amargura,
y ahora paso y no está la puerta:
la lluvia ha trabajado mucho.

Ahora me doy cuenta que he sido
no sólo un hombre sino varios
y que cuantas veces he muerto,

sin saber cómo he revivido,
como si cambiara de traje
me puse a vivir otra vida
y aquí me tienen sin que sepa
por qué no reconozco a nadie,
por qué nadie me reconoce,
si todos fallecieron aquí
y yo soy entre tanto olvido
un pájaro sobreviviente
o al revés la ciudad me mira
y sabe que yo soy un muerto.

Ando por bazares de seda
y por mercados miserables,
me cuesta creer que las calles
son las mismas, los ojos negros
duros como puntas de clavo
golpean contra mis miradas,
y la pálida Pagoda de Oro
con su inmóvil idolatría
ya no tiene ojos, ya no tiene
manos, ya no tiene fuego.
Adiós, calles sucias del tiempo,
adiós, adiós, amor perdido,
regreso al vino de mi casa,
regreso al amor de mi amada,
a lo que fui y a lo que soy,
agua y sol, tierras con manzanas,
meses con labios y con nombres,
regreso para no volver,
nunca más quiero equivocarme,
es peligroso caminar
hacia atrás porque de repente
es una cárcel el pasado.

NO TAN ALTO

De cuando en cuando y a lo lejos
hay que darse un baño de tumba.

Sin duda todo está muy bien
y todo está muy mal, sin duda.

Van y vienen los pasajeros,
crecen los niños y las calles,
por fin compramos la guitarra
que lloraba sola en la tienda.

Todo está bien, todo está mal.

Las copas se llenan y vuelven
naturalmente a estar vacías
y a veces en la madrugada,
se mueren misteriosamente.

Las copas y los que bebieron.

Hemos crecido tanto que ahora
no saludamos al vecino
y tantas mujeres nos aman
que no sabemos cómo hacerlo.

Qué ropas hermosas llevamos!
Y qué importantes opiniones!

Conocí a un hombre amarillo
que se creía anaranjado
y a un negro vestido de rubio.

Se ven y se ven tantas cosas.

Vi festejados los ladrones
por caballeros impecables
y esto se pasaba en inglés.
Y vi a los honrados, hambrientos,
buscando pan en la basura.

Yo sé que no me cree nadie.
Pero lo he visto con mis ojos.

Hay que darse un baño de tumba
y desde la tierra cerrada
mirar hacia arriba el orgullo.

Entonces se aprende a medir.
Se aprende a hablar, se aprende a ser.
Tal vez no seremos tan locos,
tal vez no seremos tan cuerdos.
Aprenderemos a morir.
A ser barro, a no tener ojos.
A ser apellido olvidado.

Hay unos poetas tan grandes
que no caben en una puerta
y unos negociantes veloces
que no recuerdan la pobreza.
Hay mujeres que no entrarán
por el ojo de una cebolla
y hay tantas cosas, tantas cosas,
y así son, y así no serán.

Si quieren no me crean nada.

Sólo quise enseñarles algo.

Yo soy profesor de la vida,
vago estudiante de la muerte
y si lo que sé no les sirve
no he dicho nada, sino todo.

PUNTO

No hay espacio más ancho que el dolor,
no hay universo como aquel que sangra.

LA DESDICHADA

La dejé en la puerta esperando
y me fui para no volver.

No supo que no volvería.

Pasó un perro, pasó una monja,
pasó una semana y un año.

Las lluvias borraron mis pasos
y creció el pasto en la calle,
y uno tras otro como piedras,
como lentas piedras, los años
cayeron sobre su cabeza.

Entonces la guerra llegó,
llegó como un volcán sangriento.
Murieron los niños, las casas.

Y aquella mujer no moría.

Se incendió toda la pradera.
Los dulces dioses amarillos
que hace mil años meditaban
salieron del templo en pedazos.
No pudieron seguir soñando.

Las casas frescas y el *verandah*
en que dormí sobre una hamaca,
las plantas rosadas, las hojas
con formas de manos gigantes,
las chimeneas, las marimbas,
todo fue molido y quemado.

En donde estuvo la ciudad
quedaron cosas cenicientas,
hierros torcidos, infernales
cabelleras de estatuas muertas
y una negra mancha de sangre.

Y aquella mujer esperando.

SOBRE MI MALA EDUCACIÓN

Cuál es el cuál, cuál es el cómo?
Quién sabe cómo conducirse?

Qué naturales son los peces.
Nunca parecen inoportunos.
Están en el mar invitados
y se visten correctamente
sin una escama de menos,
condecorados por el agua.

Yo todos los días pongo
no sólo los pies en el plato,
sino los codos, los riñones,
la lira, el alma, la escopeta.

No sé qué hacer con las manos

y he pensado venir sin ellas,
pero dónde pongo el anillo?
Qué pavorosa incertidumbre!

Y luego no conozco a nadie.
No recuerdo sus apellidos.

—Me parece conocer a usted.
—No es usted un contrabandista?
—Y usted, señora, no es la amante
del alcohólico poeta
que se paseaba sin cesar,
sin rumbo fijo por las cornisas?
—Voló porque tenía alas.
—Y usted continúa terrestre.
—Me gustaría haberla entregado
como india viuda a un gran brasero,
no podríamos quemarla ahora?
Resultaría palpitante!

Otra vez en una Embajada
me enamoré de una morena,
no quiso desnudarse allí,
y yo se lo increpé con dureza:
estás loca, estatua silvestre,
cómo puedes andar vestida?

Me desterraron duramente
de ésa y de otras reuniones,
si por error me aproximaba
cerraban ventanas y puertas.

Anduve entonces con gitanos
y con prestidigitadores,
con marineros sin buque,
con pescadores sin pescado,
pero todos tenían reglas,
inconcebibles protocolos

y mi educación lamentable
me trajo malas consecuencias.

Por eso no voy y no vengo,
no me visto ni ando desnudo,
eché al pozo los tenedores,
las cucharas y los cuchillos.
Sólo me sonrío a mí solo,
no hago preguntas indiscretas
y cuando vienen a buscarme,
con gran honor, a los banquetes,
mando mi ropa, mis zapatos,
mi camisa con mi sombrero,
pero aun así no se contentan:
iba sin corbata mi traje.

Así, para salir de dudas
me decidí a una vida honrada
de la más activa pereza,
purifiqué mis intenciones,
salí a comer conmigo solo
y así me fui quedando mudo.
A veces me saqué a bailar,
pero sin gran entusiasmo,
y me acuesto solo, sin ganas,
por no equivocarme de cuarto.

Adiós, porque vengo llegando.

Buenos días, me voy de prisa.

Cuando quieran verme ya saben:
búsquenme donde no estoy
y si les sobra tiempo y boca
pueden hablar con mi retrato.

LARINGE

Ahora va de veras dijo
la Muerte y a mí me parece
que me miraba, me miraba.

Esto pasaba en hospitales,
en corredores agobiados
y el médico me averiguaba
con pupilas de periscopio.
Entró su cabeza en mi boca,
me rasguñaba la laringe:
allí tal vez había caído
una semilla de la muerte.

En un principio me hice humo
para que la cenicienta
pasara sin reconocerme.
Me hice el tonto, me hice el delgado,
me hice el sencillo, el transparente:
sólo quería ser ciclista
y correr donde no estuviera.

Luego la ira me invadió
y dije: Muerte, hija de puta,
hasta cuándo nos interrumpes?
No te basta con tantos huesos?
Voy a decirte lo que pienso:
no discriminas, eres sorda
e inaceptablemente estúpida.

Por qué pareces indagarme?
Qué te pasa con mi esqueleto?
Por qué no te llevas al triste,
al cataléptico, al astuto,
al amargo, al infiel, al duro,

al asesino, a los adúlteros,
al juez prevaricador,
al mentiroso periodista,
a los tiranos de las islas,
a los que incendian las montañas,
a los jefes de policía
con carceleros y ladrones?
Por qué vas a llevarme a mí?
Qué tengo que ver con el cielo?
El infierno no me conviene
y me siento bien en la tierra.

Con estas vociferaciones
mentales me sostenía
mientras el dolor intranquilo
se paseaba por mis pulmones:
iba de bronquio en bronquio como
pajarillo de rama en rama:
yo no sentía mi garganta,
mi boca se abría como
el hocico de una armadura
y entraba y salía el doctor
por mi laringe en bicicleta
hasta que adusto, incorregible,
me miró con su telescopio
y me separó de la muerte.

No era lo que se creía.
Esta vez sí no me tocaba.

Si les digo que sufrí mucho,
que quería al fin el misterio,
que Nuestro Señor y Señora
me esperaban en su palmera,
si les digo mi desencanto,
y que la angustia me devora
de no tener muerte cercana,
si digo como la gallina

DÓNDE ESTARÁ LA GUILLERMINA?

Dónde estará la Guillermina?

Cuando mi hermana la invitó
y yo salí a abrirle la puerta,
entró el sol, entraron estrellas,
entraron dos trenzas de trigo
y dos ojos interminables.

Yo tenía catorce años
y era orgullosamente oscuro,
delgado, ceñido y fruncido,
funeral y ceremonioso:
yo vivía con las arañas,
humedecido por el bosque,
me conocían los coleópteros
y las abejas tricolores,
yo dormía con las perdices
sumergido bajo la menta.

Entonces entró la Guillermina
con dos relámpagos azules
que me atravesaron el pelo
y me clavaron como espadas
contra los muros del invierno.
Esto sucedió en Temuco.
Allá en el Sur, en la frontera.

Han pasado lentos los años
pisando como paquidermos,
ladrando como zorros locos,
han pasado impuros los años
crecientes, raídos, mortuorios,
y yo anduve de nube en nube,
de tierra en tierra, de ojo en ojo,

mientras la lluvia en la frontera
caía, con el mismo traje.

Mi corazón ha caminado
con intransferibles zapatos,
y he digerido las espinas:
no tuve tregua donde estuve:
donde yo pegué me pegaron,
donde me mataron caí
y resucité con frescura,
y luego y luego y luego y luego,
es tan largo contar las cosas.

No tengo nada que añadir.

Vine a vivir en este mundo.

Dónde estará la Guillermina?

EL PEREZOSO

Continuarán viajando cosas
de metal entre las estrellas,
subirán hombres extenuados,
violentarán la suave luna
y allí fundarán sus farmacias.

En este tiempo de uva llena
el vino comienza su vida
entre el mar y las cordilleras.

En Chile bailan las cerezas,

cantan las muchachas oscuras
y en las guitarras brilla el agua.

El sol toca todas las puertas
y hace milagros con el trigo.

El primer vino es rosado,
es dulce como un niño tierno,
el segundo vino es robusto
como la voz de un marinero
y el tercer vino es un topacio,
una amapola y un incendio.

Mi casa tiene mar y tierra,
mi mujer tiene grandes ojos
color de avellana silvestre,
cuando viene la noche el mar
se viste de blanco y de verde
y luego la luna en la espuma
sueña como novia marina.

No quiero cambiar de planeta.

NAVEGACIONES
Y REGRESOS

(1959)

EL BARCO

Pero si ya pagamos nuestros pasajes en este mundo
por qué, por qué no nos dejan sentarnos y comer?
Queremos mirar las nubes,
queremos tomar el sol y oler la sal,
francamente no se trata de molestar a nadie,
es tan sencillo: somos pasajeros.

Todos vamos pasando y el tiempo con nosotros:
pasa el mar, se despide la rosa,
pasa la tierra por la sombra y por la luz,
y ustedes y nosotros pasamos, pasajeros.

Entonces, qué les pasa?
Por qué andan tan furiosos?
A quién andan buscando con revólver?

Nosotros no sabíamos
que todo lo tenían ocupado,
las copas, los asientos,
las camas, los espejos,
el mar, el vino, el cielo.

Ahora resulta
que no tenemos mesa.
No puede ser, pensamos.
No pueden convencernos.
Estaba oscuro cuando llegamos al barco.
Estábamos desnudos.

Todos llegábamos del mismo sitio.
Todos veníamos de mujer y de hombre.
Todos tuvimos hambre y pronto dientes.
A todos nos crecieron las manos y los ojos
para trabajar y desear lo que existe.

Y ahora nos salen con que no podemos,
que no hay sitio en el barco,
no quieren saludarnos,
no quieren jugar con nosotros.

Por qué tantas ventajas para ustedes?
Quién les dio la cuchara cuando no habían nacido?

Aquí no están contentos,
así no andan las cosas.

No me gusta en el viaje
hallar, en los rincones, la tristeza,
los ojos sin amor o la boca con hambre.

No hay ropa para este creciente otoño
y menos, menos, menos para el próximo invierno.
Y sin zapatos cómo vamos a dar la vuelta
al mundo, a tanta piedra en los caminos?

Sin mesa dónde vamos a comer,
dónde nos sentaremos si no tenemos silla?
Si es una broma triste, decídanse, señores,
a terminarla pronto,
a hablar en serio ahora.

Después el mar es duro.

Y llueve sangre.

ESCRITO EN EL TREN CERCA
DE CAUTÍN, EN 1958

Otra vez, otra mil vez retorno
al Sur y voy viajando
la larga línea dura,
la interminable patria custodiada
por la estatua infinita de la nieve,
hacia el huraño Sur donde hace años
me esperaban las manos y la miel.

Y, ahora,
nadie en los pueblos de madera. Bajo
la lluvia tan tenaz como la yedra,
no hay ojos para mí, ni aquella boca,
aquella boca en que nació mi sangre.
Ya no hay más techo, mesa, copa, muros
para mí en la que fue mi geografía,
y eso se llama irse, no es un viaje.

Irse es volver cuando sólo la lluvia,

sólo la lluvia espera.

Y ya no hay puerta, ya no hay pan. No hay nadie.

ODA A LENIN

La revolución tiene 40 años.
Tiene la edad de una joven madura.
Tiene la edad de las madres hermosas.

198

Cuando nació,
en el mundo
la noticia se supo
en forma diferente.

—Qué es esto? —se preguntaban los obispos—,
se ha movido la tierra,
no podremos seguir vendiendo cielo.

Los gobiernos de Europa,
de América ultrajada,
los dictadores turbios,
leían en silencio
las alarmantes comunicaciones.
Por suaves, por profundas
escaleras
subía un telegrama,
como sube la fiebre
en el termómetro:
ya no cabía duda,
el pueblo había vencido,
se transformaba el mundo.

I

LENIN, para cantarte
debo decir adiós a las palabras;
debo escribir con árboles, con ruedas,
con arados, con cereales.
Eres concreto como
los hechos y la tierra.
No existió nunca
un hombre más terrestre
que V. Uliánov.

Hay otros hombres altos
que como las iglesias acostumbran
conversar con las nubes,
son altos hombres solitarios.

Lenin sostuvo un pacto con la tierra.

Vio más lejos que nadie.
Los hombres,
los ríos, las colinas,
las estepas,
eran un libro abierto
y él leía,
leía más lejos que todos,
más claro que ninguno.
Él miraba profundo
en el pueblo, en el hombre,
miraba al hombre como a un pozo,
lo examinaba como
si fuera un mineral desconocido
que hubiera descubierto.
Había que sacar las aguas del pozo,
había que elevar la luz dinámica,
el tesoro secreto
de los pueblos,
para que todo germinara y naciera,
para ser dignos del tiempo y de la tierra.

II

CUIDAD de confundirlo con un frío ingeniero,
cuidad de confundirlo con un místico ardiente.
Su inteligencia ardió sin ser jamás cenizas,
la muerte no ha helado aún su corazón de fuego.

III

Me gusta ver a Lenin pescando en la transparencia
del lago Razliv, y aquellas aguas son
como un pequeño espejo perdido entre la hierba
del vasto Norte frío y plateado:
soledades aquellas, hurañas soledades,
plantas martirizadas por la noche y la nieve,
el ártico silbido del viento en su cabaña.
Me gusta verlo allí solitario escuchando
el aguacero, el tembloroso vuelo
de las tórtolas,
la intensa pulsación del bosque puro.
Lenin atento al bosque y a la vida,
escuchando los pasos del viento y de la historia
en la solemnidad de la naturaleza.

IV

Fueron algunos hombres sólo estudio,
libro profundo, apasionada ciencia,
y otros hombres tuvieron
como virtud del alma el movimiento.
Lenin tuvo dos alas:
el movimiento y la sabiduría.
Creó en el pensamiento,
descifró los enigmas,
fue rompiendo las máscaras
de la verdad y el hombre
y estaba en todas partes,
estaba al mismo tiempo en todas partes.

V

Así, Lenin, tus manos trabajaron
y tu razón no conoció el descanso
hasta que desde todo el horizonte
se divisó una nueva forma!
era una estatua ensangrentada,
era una victoria con harapos,
era una niña bella como la luz,
llena de cicatrices, manchada por el humo.
Desde remotas tierras los pueblos la miraron:
era ella, no cabía duda,
era la Revolución.

El viejo corazón del mundo latió de otra manera.

VI

LENIN, hombre terrestre,
tu hija ha llegado al cielo.
Tu mano
mueve ahora
claras constelaciones.
La misma mano
que firmó decretos
sobre el pan y la tierra
para el pueblo,
la misma mano
se convirtió en planeta:
el hombre que tú hiciste se construyó una estrella.

VII

Todo ha cambiado, pero
fue duro el tiempo
y ásperos los días.
Durante cuarenta años aullaron
los lobos junto a las fronteras:
quisieron derribar la estatua viva,
quisieron calcinar sus ojos verdes,
por hambre y fuego
y gas y muerte
quisieron que muriera
tu hija, Lenin,
la victoria,
la extensa, firme, dulce, fuerte y alta
Unión Soviética.

No pudieron.
Faltó el pan, el carbón,
faltó la vida,
del cielo cayó lluvia, nieve, sangre,
sobre las pobres casas incendiadas,
pero entre el humo
y a la luz del fuego
los pueblos más remotos vieron la estatua viva
defenderse y crecer crecer crecer
hasta que su valiente corazón
se transformó en metal invulnerable.

VIII

Lenin, gracias te damos los lejanos.

Desde entonces, desde tus decisiones,

desde tus pasos rápidos y rápidos ojos
no están los pueblos solos
en la lucha por la alegría.
La inmensa patria dura,
la que aguantó el asedio,
la guerra, la amenaza,
es torre inquebrantable.
Ya no pueden matarla.
Y así viven los hombres
otra vida,
y comen otro pan
con esperanza,
porque en el centro de la tierra existe
la hija de Lenin, clara y decisiva.

IX

GRACIAS, Lenin,
por la energía y la enseñanza,
gracias por la firmeza,
gracias por Leningrado y las estepas,
gracias por la batalla y por la paz,
gracias por el trigo infinito,
gracias por las escuelas,
gracias por tus pequeños
titánicos soldados,
gracias por este aire que respiro en tu tierra
que no se parece a otro aire:
es espacio fragante,
es electricidad de enérgicas montañas.

Gracias, Lenin,
por el aire y el pan y la esperanza.

CIEN SONETOS DE AMOR

(1959)

I

Matilde, nombre de planta o piedra o vino,
de lo que nace de la tierra y dura,
palabra en cuyo crecimiento amanece,
en cuyo estío estalla la luz de los limones.

En ese nombre corren navíos de madera
rodeados por enjambres de fuego azul marino,
y esas letras son el agua de un río
que desemboca en mi corazón calcinado.

Oh nombre descubierto bajo una enredadera
como la puerta de un túnel desconocido
que comunica con la fragancia del mundo!

Oh invádeme con tu boca abrasadora,
indágame, si quieres, con tus ojos nocturnos,
pero en tu nombre déjame navegar y dormir.

VII

Vendrás conmigo" —dije, sin que nadie supiera
dónde y cómo latía mi estado doloroso,
y para mí no había clavel ni barcarola,
nada sino una herida por el amor abierta.

Repetí: ven conmigo, como si me muriera,
y nadie vio en mi boca la luna que sangraba,
nadie vio aquella sangre que subía al silencio.
Oh amor, ahora olvidemos la estrella con espinas!

Por eso cuando oí que tu voz repetía
"Vendrás conmigo" —fue como si desataras
dolor, amor, la furia del vino encarcelado

que desde su bodega sumergida subiera
y otra vez en mi boca sentí un sabor de llama,
de sangre y de claveles, de piedra y quemadura.

XX

MI FEA, eres una castaña despeinada,
mi bella, eres hermosa como el viento,
mi fea, de tu boca se pueden hacer dos,
mi bella, son tus besos frescos como sandías.

Mi fea, dónde están escondidos tus senos?
Son mínimos como dos copas de trigo.
Me gustaría verte dos lunas en el pecho:
las gigantescas torres de tu soberanía.

Mi fea, el mar no tiene tus uñas en su tienda,
mi bella, flor a flor, estrella por estrella,
ola por ola, amor, he contado tu cuerpo:

mi fea, te amo por tu cintura de oro,
mi bella, te amo por una arruga en tu frente,
amor, te amo por clara y por oscura.

XXV

Antes de amarte, amor, nada era mío:
vacilé por las calles y las cosas:
nada contaba ni tenía nombre:
el mundo era del aire que esperaba.

Yo conocí salones cenicientos,
túneles habitados por la luna,
hangares crueles que se despedían,
preguntas que insistían en la arena.

Todo estaba vacío, muerto y mudo,
caído, abandonado y decaído,
todo era inalienablemente ajeno,

todo era de los otros y de nadie,
hasta que tu belleza y tu pobreza
llenaron el otoño de regalos.

XXIX

Vienes de la pobreza de las casas del Sur,
de las regiones duras con frío y terremoto
que cuando hasta sus dioses rodaron a la muerte
nos dieron la lección de la vida en la greda.

Eres un caballito de greda negra, un beso
de barro oscuro, amor, amapola de greda
paloma del crepúsculo que voló en los caminos,
alcancía con lágrimas de nuestra pobre infancia.

Muchacha, has conservado tu corazón de pobre,

tus pies de pobre acostumbrados a las piedras,
tu boca que no siempre tuvo pan o delicia.

Eres del pobre Sur, de donde viene mi alma:
en su cielo tu madre sigue lavando ropa
con mi madre. Por eso te escogí, compañera.

XLI

Desdichas del mes de enero cuando el indiferente
mediodía establece su ecuación en el cielo,
un oro duro como el vino de una copa colmada
llena la tierra hasta sus límites azules.

Desdichas de este tiempo parecidas a uvas
pequeñas que agruparon verde amargo,
confusas, escondidas lágrimas de los días,
hasta que la intemperie publicó sus racimos.

Sí, gérmenes, dolores, todo lo que palpita
aterrado, a la luz crepitante de enero,
madurará, arderá como ardieron los frutos.

Divididos serán los pesares: el alma
dará un golpe de viento, y la morada
quedará limpia con el pan fresco en la mesa.

XLIII

Un signo tuyo busco en todas las otras,
en el brusco, ondulante río de las mujeres,

208

trenzas, ojos apenas sumergidos,
pies claros que resbalan navegando en la espuma.

De pronto me parece que diviso tus uñas
oblongas, fugitivas, sobrinas de un cerezo,
y otra vez es tu pelo que pasa y me parece
ver arder en el agua tu retrato de hoguera.

Miré, pero ninguna llevaba tu latido,
tu luz, la greda oscura que trajiste del bosque,
ninguna tuvo tus diminutas orejas.

Tú eres total y breve, de todas eres una,
y así contigo voy recorriendo y amando
un ancho Mississipi de estuario femenino.

XLIV

Sabrás que no te amo y que te amo
puesto que de dos modos es la vida,
la palabra es un ala del silencio,
el fuego tiene una mitad de frío.

Yo te amo para comenzar a amarte,
para recomenzar el infinito
y para no dejar de amarte nunca:
por eso no te amo todavía.

Te amo y no te amo como si tuviera
en mis manos las llaves de la dicha
y un incierto destino desdichado.

Mi amor tiene dos vidas para amarte.
Por eso te amo cuando no te amo
y por eso te amo cuando te amo.

LXVI

No te quiero sino porque te quiero
y de quererte a no quererte llego
y de esperarte cuando no te espero
pasa mi corazón del frío al fuego.

Te quiero sólo porque a ti te quiero,
te odio sin fin, y odiándote te ruego,
y la medida de mi amor viajero
es no verte y amarte como un ciego.

Tal vez consumirá la luz de enero,
su rayo cruel, mi corazón entero,
robándome la llave del sosiego.

En esta historia sólo yo me muero
y moriré de amor porque te quiero,
porque te quiero, amor, a sangre y fuego.

XC

Pensé morir, sentí de cerca el frío,
y de cuanto viví sólo a ti te dejaba:
tu boca eran mi día y mi noche terrestres
y tu piel la república fundada por mis besos.

En ese instante se terminaron los libros,
la amistad, los tesoros sin tregua acumulados,
la casa transparente que tú y yo construímos:
todo dejó de ser, menos tus ojos.

Porque el amor, mientras la vida nos acosa,
es simplemente una ola alta sobre las olas
pero ay cuando la muerte viene a tocar la puerta

hay sólo tu mirada para tanto vacío,
sólo tu claridad para no seguir siendo,
sólo tu amor para cerrar la sombra.

XCI

L A EDAD nos cubre como la llovizna,
interminable y árido es el tiempo,
una pluma de sal toca tu rostro,
una gotera carcomió mi traje:

el tiempo no distingue entre mis manos
o un vuelo de naranjas en las tuyas:
pica con nieve y azadón la vida:
la vida tuya que es la vida mía.

La vida mía que te di se llena
de años, como el volumen de un racimo.
Regresarán las uvas a la tierra.

Y aún allá abajo el tiempo sigue siendo,
esperando, lloviendo sobre el polvo,
ávido de borrar hasta la ausencia.

AMOR MÍO, si muero y tú no mueres,
amor mío, si mueres y no muero,
no demos al dolor más territorio:
no hay extensión como la que vivimos.

Polvo en el trigo, arena en las arenas,
el tiempo, el agua errante, el viento vago
nos llevó como grano navegante.
Pudimos no encontrarnos en el tiempo.

Esta pradera en que nos encontramos,
oh pequeño infinito! devolvemos.
Pero este amor, amor, no ha terminado,

y así como no tuvo nacimiento
no tiene muerte, es como un largo río,
sólo cambia de tierras y de labios.

CANCIÓN DE GESTA

(1960)

LA GESTA

Si el hondo mar callaba sus dolores
las esperanzas levantó la tierra:
éstas desembarcaron en la costa:
eran brazos y puños de pelea:
Fidel Castro con quince de los suyos
y con la libertad bajó a la arena.
La isla estaba oscura como el luto
pero izaron la luz como bandera,
no tenían más armas que la aurora
y ésta dormía aún bajo la tierra:
entonces comenzaron en silencio
la lucha y el camino hacia la estrella.
Fatigados y ardientes caminaban
por honor y deber hacia la guerra,
no tenían más armas que su sangre:
iban desnudos como si nacieran.
Y así nació la libertad de Cuba
de aquel puñado de hombres en la arena.
Luego la dignidad de los desnudos
los vistió con la ropa de la sierra,
los nutrió con el pan desconocido,
los armó con la pólvora secreta,
con ellos despertaron los dormidos,
dejaron su sepulcro las ofensas,
las madres despidieron a sus hijos,
el campesino relató su pena
y el ejército puro de los pobres
creció y creció como la luna llena:

no le quitó soldados el combate:
creció el cañaveral en la tormenta:
el enemigo le dejó sus armas
abandonadas en las carreteras:
los verdugos temblaban y caían
desmantelados por la primavera
con un disparo que condecoraba
con la muerte, por fin, sus camisetas,
mientras que el movimiento de los libres
movía, como el viento, las praderas,
sacudía los surcos de la isla,
surgía sobre el mar como un planeta.

BAILANDO CON LOS NEGROS

Negros del continente, al Nuevo Mundo
habeis dado la sal que le faltaba:
sin negros no respiran los tambores
y sin negros no suenan las guitarras.
Inmóvil era nuestra verde América
hasta que se movió como una palma
cuando nació de una pareja negra
el baile de la sangre y de la gracia.
Y luego de sufrir tantas miserias
y de cortar hasta morir la caña
y de cuidar los cerdos en el bosque
y de cargar las piedras más pesadas
y de lavar pirámides de ropa
y de subir cargados las escalas
y de parir sin nadie en el camino
y no tener ni plato ni cuchara
y de cobrar más palos que salario
y de sufrir la venta de la hermana
y de moler harina todo un siglo

y de comer un día a la semana
y de correr como un caballo siempre
repartiendo cajones de alpargatas,
manejando la escoba y el serrucho,
y cavando caminos y montañas,
acostarse cansados, con la muerte,
y vivir otra vez cada mañana
cantando como nadie cantaría,
bailando con el cuerpo y con el alma.
Corazón mío, para decir esto
se me parte la vida y la palabra
y no puedo seguir porque prefiero
irme con las palmeras africanas
madrinas de la música terrestre
que ahora me incita desde la ventana:
y me voy a bailar por los caminos
con mis hermanos negros de La Habana.

LAS PIEDRAS DE CHILE

(1961)

LOS NÁUFRAGOS

Los náufragos de piedra cantaban en la costa
y era de sal radiante la torre que cantaban
se elevó gota a gota hasta que fue de agua,
de burbuja en burbuja hasta subir al aire.
Los náufragos que convirtió en piedra el olvido
(no un olvido, sino todo el olvido),
los que esperaron semisumergidos
terrestre auxilio, voces, brazos, vino, aspirina,
y recibieron sólo cangrejos infernales,
se hicieron duros muertos con ojos de granito
y allí están diseminadas sus estatuas,
sus informes, redondas, solitarias estatuas.

Pero aprendieron a cantar. Lentamente
surgió la voz de todos los náufragos perdidos.
Es un canto de sal como una ola,
es un faro de piedras invisibles:
las piedras paralelas
miran hacia los rayos de Oceanía,
hacia el mar erizado,
hacia el sinfín sin naves ni países.
Un sol cayó elevando
la espada verde de su luz postrera,
otro sol cayó abajo
de nube en nube hacia el invierno,
otro sol
atravesó las olas,
los penachos bravíos

que levantan la cólera y la espuma
sobre las irritadas
paredes de turquesa
y allí las moles puras:
hermanas paralelas,
atalantes inmóviles
detenidas
por la pausa del frío
agrupadas adentro de su fuerza
como leonas en roca convertidas,
como proas que siguen sin océano
la dirección del tiempo,
la cristalina eternidad del viaje.

CASA

Tal vez ésta es la casa en que viví
cuando yo no existí ni había tierra,
cuando todo era luna o piedra o sombra,
cuando la luz inmóvil no nacía.
Tal vez entonces esta piedra era
mi casa, mis ventanas o mis ojos.
Me recuerda esta rosa de granito
algo que me habitaba o que habité,
cueva o cabeza cósmica de sueños,
copa o castillo o nave o nacimiento.
Toco el tenaz esfuerzo de la roca,
su baluarte golpeado en la salmuera,
y sé que aquí quedaron grietas mías,
arrugadas substancias que subieron
desde profundidades hasta mi alma,
y piedra fui, piedra seré, por eso
toco esta piedra y para mí no ha muerto:
es lo que fui, lo que seré, reposo
de un combate tan largo como el tiempo.

CANTOS CEREMONIALES

(1961)

LAUTRÉAMONT RECONQUISTADO

I

Cuando llegó a París tuvo mucho que hacer.
Éstas eran las verdaderas calles del hombre.
Aquí las había taladrado como a los túneles el gusano
adentro de un queso oscuro, bajo el atroz invierno.
Las casas eran tan grandes que la sabiduría
se empequeñeció y corrió como rata al granero
y sólo fueron habitadas las casas por la sombra,
por la rutina venenosa de los que padecían.
Compró flores, pequeñas flores en el mercado des Halles
y de Clignancourt absorbió el asco militante,
no hubo piedra olvidada para el pequeño Isidoro,
su rostro se fue haciendo delgado como un diente,
delgado y amarillo como la luna menguante en la
    pampa,
cada vez era más parecido a la luna delgada.
La noche le robaba hora por hora el rostro.
La noche de París ya había devorado
todos los regimientos, las dinastías, los héroes,
los niños y los viejos, las prostitutas, los ricos y los
    pobres,
Ducasse estaba solo y cuanto tuvo de luz lo entregó
    cuerpo a cuerpo,
contra la devoradora se dispuso a luchar,
fabricó lobos para defender la luz,

acumuló agonía para salvar la vida,
fue más allá del mal para llegar al bien.

II

Lo conocí en el Uruguay cuando era tan pequeñc
que se extraviaba en las guitarras del mes de julio,
aquellos días fueron de guerra y de humo,
se desbocaron los ríos, crecieron sin medida las aguas.
No había tiempo para que naciera.
Debió volver muchas veces, remontar el deseo,
viajar hasta su origen, hasta por fin llegar
cuando sangre y tambores golpeaban a la puerta,
y Montevideo ardía como los ojos del puma.
Turbulenta fue aquella época, y de color morado
como un deshilachado pabellón de asesinos.
Desde la selva el viento militar
llegaba en un confuso olor a hierba ardiendo.
Los fusiles quebrados a la vera del río
entraban en el agua y a plena medianoche
se habían convertido en guitarras, el viento
repartía sollozos y besos de las barcarolas.

III

Americano! Pequeño potro pálido
de las praderas! Hijo
de la luna uruguaya!
Escribiste a caballo, galopando
entre la dura hierba y el olor a camino,
a soledad, a noche y herraduras!

Cada uno
de tus cantos fue un lazo,
y Maldoror sentado sobre las calaveras
de las vacas
escribe con su lazo,
es tarde, es una pieza de hotel, la muerte ronda.
Maldoror con su lazo,
escribe que te escribe su larga carta roja.
La vidalita de Maldoror, hacia el Oeste,
las guitarras sin rumbo, cerca del Paraná,
terrenos bajos, el misterioso crepúsculo cayó
como una paletada de sangre sobre la tierra,
las grandes aves carnívoras se despliegan,
sube del Uruguay la noche con sus uvas.
Era tarde, un temblor unánime de ranas,
los insectos metálicos atormentan el cielo,
mientras la inmensa luna se desnuda en la pampa
extendiendo en el frío su sábana amarilla.

IV

El falso cruel de noche prueba sus uñas falsas,
de sus cándidos ojos hace dos agujeros,
con terciopelo negro su razón enmascara,
con un aullido apaga su inclinación celeste.

El sapo de París, la bestia blanda
de la ciudad inmunda lo sigue paso a paso,
lo espera y abre las puertas de su hocico:
el pequeño Ducasse ha sido devorado.

El ataúd delgado parece que llevara
un violín o un pequeño cadáver de gaviota,
son los mínimos huesos del joven desdichado,
y nadie ve pasar el carro que lo lleva,

porque en este ataúd continúa el destierro,
el desterrado sigue desterrado en la muerte.

Entonces escogió la Commune y en las calles
sangrientas, Lautréamont, delgada torre roja,
amparó con su llama la cólera del pueblo,
recogió las banderas del amor derrotado
y en las masacres Maldoror no cayó,
su pecho transparente recibió la metralla
sin que una sola gota de sangre delatara
que el fantasma se había ido volando
y que aquella masacre le devolvía el mundo:
Maldoror reconocía a sus hermanos.

Pero antes de morir volvió su rostro duro
y tocó el pan, acarició la rosa,
soy, dijo, el defensor esencial de la abeja,
sólo de claridad debe vivir el hombre.

V

Del niño misterioso recojamos
cuanto dejó, sus cantos triturados,
las alas tenebrosas de la nave enlutada,
su negra dirección que ahora entendemos.
Ha sido revelada su palabra.
Detrás de cada sombra suya el trigo.
En cada ojo sin luz una pupila.
La rosa en el espacio del honor.
La esperanza que sube del suplicio.
El amor desbordando de su copa.
El deber hijo puro de la madera.
El rocío que corre saludando a las hojas.
La bondad con más ojos que una estrella.
El honor sin medalla ni castillo.

Entonces la muerte, la muerte de París cayó como
  una tela,
como horrendo vampiro, como alas de paraguas,
y el héroe desangrado la rechazó creyendo
que era su propia imagen, su anterior criatura,
la imagen espantosa de sus primeros sueños.
"No estoy aquí, me fui, Maldoror ya no existe."
"Soy la alegría de la futura primavera",
dijo, y no era la sombra que sus manos crearon,
no era el silbido del folletín en la niebla,
ni la araña nutrida por su oscura grandeza,
era sólo la muerte de París que llegaba
a preguntar por el indómito uruguayo,
por el niño feroz que quería volver,
que quería sonreír hacia Montevideo,
era sólo la muerte que venía a buscarlo.

PLENOS PODERES

(1962)

REGRESÓ EL CAMINANTE

En plena calle me pregunto, dónde
está la ciudad? Se fue, no ha vuelto.
Tal vez ésta es la misma, y tiene casas,
tiene paredes, pero no la encuentro.
No se trata de Pedro ni de Juan,
ni de aquella mujer, ni de aquel árbol,
ya la ciudad aquella se enterró,
se metió en un recinto subterráneo
y otra hora vive, otra y no la misma,
ocupando la línea de las calles,
y un idéntico número en las casas.

El tiempo entonces, lo comprendo, existe,
existe, ya lo sé, pero no entiendo
cómo aquella ciudad que tuvo sangre,
que tuvo tanto cielo para todos,
y de cuya sonrisa a mediodía
se desprendía un cesto de ciruelas,
de aquellas casas con olor a bosque
recién cortado al alba con la sierra,
que seguía cantando junto al agua
de los aserraderos montañosos,
todo lo que era suyo y era mío,
de la ciudad y de la transparencia,
se envolvió en el amor como un secreto
y se dejó caer en el olvido.

Ahora donde estuvo hay otras vidas,
otra razón de ser y otra dureza:
todo está bien, pero por qué no existe?
Por qué razón aquel aroma duerme?

Por qué aquellas campanas se callaron
y dijo adiós la torre de madera?

Tal vez en mí cayó casa por casa
la ciudad, con bodegas destruidas
por la lenta humedad, por el transcurso,
en mí cayó el azul de la farmacia,
el trigo acumulado, la herradura
que colgó de la talabartería,
y en mí cayeron seres que buscaban
como en un pozo el agua oscura.

Entonces yo a qué vengo, a qué he venido.
Aquella que yo amé entre las ciruelas
en el violento estío, aquella clara
como un hacha brillando con la luna,
la de ojos que mordían
como ácido el metal del desamparo,
ella se fue, se fue sin que se fuese,
sin cambiarse de casa ni frontera,
se fue en sí misma, se cayó en el tiempo
hacia atrás, y no cayó en los míos
cuando abría, tal vez, aquellos brazos
que apretaron mi cuerpo, y me llamaba
a lo largo, tal vez, de tantos años,
mientras yo en otra esquina del planeta
en mi distante edad me sumergía.

Acudiré a mí mismo para entrar,
para volver a la ciudad perdida.
En mí debo encontrar a los ausentes,
aquel olor de la maderería,

sigue creciendo sólo en mí tal vez
el trigo que temblaba en la ladera
y en mí debo viajar buscando aquella
que se llevó la lluvia, y no hay remedio,
de otra manera nada vivirá,
debo cuidar yo mismo aquellas calles
y de alguna manera decidir
dónde plantar los árboles, de nuevo.

EL PUEBLO

De aquel hombre me acuerdo y no han pasado
sino dos siglos desde que lo vi,
no anduvo ni a caballo ni en carroza:
a puro pie
deshizo
las distancias
y no llevaba espada ni armadura,
sino redes al hombro,
hacha o martillo o pala,
nunca apaleó a ninguno de su especie:
su hazaña fue contra el agua o la tierra,
contra el trigo para que hubiera pan,
contra el árbol gigante para que diera leña,
contra los muros para abrir las puertas,
contra la arena construyendo muros
y contra el mar para hacerlo parir.

Lo conocí y aún no se me borra.

Cayeron en pedazos las carrozas,
la guerra destruyó puertas y muros,
la ciudad fue un puñado de cenizas,

se hicieron polvo todos los vestidos,
y él para mí subsiste,
sobrevive en la arena,
cuando antes parecía
todo imborrable menos él.

En el ir y venir de las familias
a veces fue mi padre o mi pariente
o apenas si era él o si no era
tal vez aquel que no volvió a su casa
porque el agua o la tierra lo tragaron
o lo mató una máquina o un árbol
o fue aquel enlutado carpintero
que iba detrás del ataúd, sin lágrimas,
alguien en fin que no tenía nombre,
que se llamaba metal o madera,
y a quien miraron otros desde arriba
sin ver la hormiga
sino el hormiguero
y que cuando sus pies no se movían,
porque el pobre cansado había muerto,
no vieron nunca que no lo veían:
había ya otros pies en donde estuvo.

Los otros pies eran él mismo,
también las otras manos,
el hombre sucedía:
cuando ya parecía transcurrido
era el mismo de nuevo,
allí estaba otra vez cavando tierra,
cortando tela, pero sin camisa,
allí estaba y no estaba, como entonces,
se había ido y estaba de nuevo,
y como nunca tuvo cementerio,
ni tumba, ni su nombre fue grabado
sobre la piedra que cortó sudando,
nunca sabía nadie que llegaba
y nadie supo cuando se moría,

así es que sólo cuando el pobre pudo
resucitó otra vez sin ser notado.

Era el hombre sin duda, sin herencia,
sin vaca, sin bandera,
y no se distinguía entre los otros,
los otros que eran él,
desde arriba era gris como el subsuelo,
como el cuero era pardo,
era amarillo cosechando trigo,
era negro debajo de la mina,
era color de piedra en el castillo,
en el barco pesquero era color de atún
y color de caballo en la pradera:
cómo podía nadie distinguirlo
si era el inseparable, el elemento,
tierra, carbón o mar vestido de hombre?

Donde vivió crecía
cuanto el hombre tocaba:
la piedra hostil,
quebrada
por sus manos,
se convertía en orden
y una a una formaron
la recta claridad del edificio,
hizo el pan con sus manos,
movilizó los trenes,
se poblaron de pueblos las distancias,
otros hombres crecieron,
llegaron las abejas,
y porque el hombre crea y multiplica
la primavera caminó al mercado
entre panaderías y palomas.

El padre de los panes fue olvidado,
él que cortó y anduvo, machacando
y abriendo surcos, acarreando arena,

cuando todo existió ya no existía,
él daba su existencia, eso era todo.
Salió a otra parte a trabajar, y luego
se fue a morir rodando
como piedra del río:
aguas abajo lo llevó la muerte.

Yo, que lo conocí, lo vi bajando
hasta no ser sino lo que dejaba:
calles que apenas pudo conocer,
casas que nunca y nunca habitaría.

Y vuelvo a verlo, y cada día espero.

Lo veo en su ataúd y resurrecto.

Lo distingo entre todos
los que son sus iguales
y me parece que no puede ser,
que así no vamos a ninguna parte,
que suceder así no tiene gloria.

Yo creo que en el trono debe estar
este hombre, bien calzado y coronado.

Creo que los que hicieron tantas cosas
deben ser dueños de todas las cosas.
Y los que hacen el pan deben comer!

Y deben tener luz los de la mina!

Basta ya de encadenados grises!

Basta de pálidos desaparecidos!

Ni un hombre más que pase sin que reine.

Ni una sola mujer sin su diadema.

Para todas las manos guantes de oro.

Frutas de sol a todos los oscuros!

Yo conocí aquel hombre y cuando pude,
cuando ya tuve ojos en la cara,
cuando ya tuve la voz en la boca
lo busqué entre las tumbas, y le dije
apretándole un brazo que aún no era polvo:

"Todos se irán, tú quedarás viviente.

Tú encendiste la vida.

Tú hiciste lo que es tuyo."

Por eso nadie se moleste cuando
parece que estoy solo y no estoy solo,
no estoy con nadie y hablo para todos:

Alguien me está escuchando y no lo saben,
pero aquellos que canto y que lo saben
siguen naciendo y llenarán el mundo.

MEMORIAL
DE ISLA NEGRA

(1964)

I

DONDE NACE LA LLUVIA

NACIMIENTO

Nació un hombre
entre muchos
que nacieron,
viví entre muchos hombres
que vivieron,
y esto no tiene historia
sino tierra,
tierra central de Chile, donde
las viñas encresparon sus cabelleras verdes,
la uva se alimenta de la luz,
el vino nace de los pies del pueblo.

Parral se llama el sitio
del que nació
en invierno.

Ya no existen
la casa ni la calle:
soltó la cordillera
sus caballos,
se acumuló

el profundo
poderío
brincaron las montañas
y cayó el pueblo
envuelto
en terremoto.
Y así muros de adobe,
retratos en los muros,
muebles desvencijados
en las salas oscuras,
silencio entrecortado por las moscas,
todo volvió
a ser polvo:
sólo algunos guardamos
forma y sangre,
sólo algunos, y el vino.

Siguió el vino viviendo,
subiendo hasta las uvas
desgranadas
por el otoño
errante,
bajó a lagares sordos,
a barricas
que se tiñeron con su suave sangre,
y allí bajo el espanto
de la tierra terrible
siguió desnudo y vivo.

Yo no tengo memoria
del paisaje ni tiempo,
ni rostros, ni figuras,
sólo polvo impalpable,
la cola del verano
y el cementerio en donde
me llevaron
a ver entre las tumbas
el sueño de mi madre.

Y como nunca vi
su cara
la llamé entre los muertos, para verla,
pero como los otros enterrados,
no sabe, no oye, no contestó nada,
y allí se quedó sola, sin su hijo,
huraña y evasiva
entre las sombras.
Y de allí soy, de aquel
Parral de tierra temblorosa,
tierra cargada de uvas
que nacieron
desde mi madre muerta.

LA MAMADRE

La mamadre viene por ahí,
con zuecos de madera. Anoche
sopló el viento del polo, se rompieron
los tejados, se cayeron
los muros y los puentes,
aulló la noche entera con sus pumas,
y ahora, en la mañana
de sol helado, llega
mi mamadre, doña
Trinidad Marverde,
dulce como la tímida frescura
del sol en las regiones tempestuosas,
lamparita
menuda y apagándose,
encendiéndose
para que todos vean el camino.

Oh dulce mamadre
—nunca pude
decir madrastra—,
ahora
mi boca tiembla para definirte,
porque apenas
abrí el entendimiento
vi la bondad vestida de pobre trapo oscuro,
la santidad más útil:
la del agua y la harina,
y eso fuiste: la vida te hizo pan
y allí te consumimos,
invierno largo a invierno desolado
con las goteras dentro
de la casa
y tu humildad ubicua
desgranando
el áspero
cereal de la pobreza
como si hubieras ido
repartiendo
un río de diamantes.

Ay mamá, cómo pude
vivir sin recordarte
cada minuto mío?
No es posible. Yo llevo
tu Marverde en mi sangre,
el apellido
del pan que se reparte,
de aquellas
dulces manos
que cortaron del saco de la harina
los calzoncillos de mi infancia,
de la que cocinó, planchó, lavó,
sembró, calmó la fiebre,
y cuando todo estuvo hecho,
y ya podía

yo sostenerme con los pies seguros,
se fue, cumplida, oscura,
al pequeño ataúd
donde por vez primera estuvo ociosa
bajo la dura lluvia de Temuco.

EL PADRE

EL padre brusco vuelve
de sus trenes:
reconocimos
en la noche
el pito
de la locomotora
perforando la lluvia
con un aullido errante,
un lamento nocturno,
y luego
la puerta que temblaba:
el viento en una ráfaga
entraba con mi padre
y entre las dos pisadas y presiones
la casa
se sacudía,
las puertas asustadas
se golpeaban con seco
disparo de pistolas,
las escalas gemían
y una alta voz
recriminaba, hostil,
mientras la tempestuosa
sombra, la lluvia como catarata
despeñada en los techos
ahogaba poco a poco

el mundo
y no se oía nada más que el viento
peleando con la lluvia.

Sin embargo, era diurno.
Capitán de su tren del alba fría,
y apenas despuntaba
el vago sol, allí estaba su barba,
sus banderas
verdes y rojas, listos los faroles,
el carbón de la máquina en su infierno,
la Estación con los trenes en la bruma
y su deber hacia la geografía.

El ferroviario es marinero en tierra
y en los pequeños puertos sin marina
—pueblos del bosque— el tren corre que corre
desenfrenando la naturaleza,
cumpliendo su navegación terrestre.
Cuando descansa el largo tren
se juntan los amigos,
entran, se abren las puertas de mi infancia,
la mesa se sacude,
al golpe de una mano ferroviaria
chocan los gruesos vasos del hermano
y destella
el fulgor
de los ojos del vino.

Mi pobre padre duro
allí estaba, en el eje de la vida,
la viril amistad, la copa llena.
Su vida fue una rápida milicia
y entre su madrugar y sus caminos,
entre llegar para salir corriendo,
un día con más lluvia que otros días
el conductor José del Carmen Reyes
subió al tren de la muerte y hasta ahora no ha vuelto.

II

LA LUNA EN EL LABERINTO

AMORES: LA CIUDAD

Estudiantil amor con mes de octubre,
con cerezos ardiendo en pobres calles
y tranvía trinando en las esquinas,
muchachas como el agua, cuerpos
en la greda de Chile, barro y nieve,
y luz y noche negra, reunidos,
madreselvas caídas en el lecho
con Rosa o Lina o Carmen ya desnudas,
despojadas tal vez de su misterio
o misteriosas al rodar
en el abrazo o espiral o torre
o cataclismo de jazmín y bocas:
fue ayer o fue mañana, dónde huyó
la fugaz primavera? Oh ritmo
de la eléctrica cintura,
oh latigazo claro de la esperma
saliendo de su túnel a la especie
y la vencida tarde con un nardo
a medio sueño y entre los papeles
mis líneas, allí escritas,
con el puro fermento, con la ola,
con la paloma y con la cabellera.
Amores de una vez, rápidos
y sedientos, llave a llave,
y aquel orgullo de ser compartidos!
Pienso que se fundó mi poesía
no sólo en soledad sino en un cuerpo
y en otro cuerpo, a plena piel de luna
y con todos los besos de la tierra.

PARÍS 1927

París, rosa magnética,
antigua obra de araña,
estaba allí, plateada,
entre el tiempo del río que camina
y el tiempo arrodillado en Notre Dame:
una colmena de la miel errante,
una ciudad de la familia humana.

Todos habían venido,
y no cuento a los nómades
de mi propio país deshabitado:
allí andaban los lentos
con las locas chilenas
dando más ojos negros a la noche
que crepitaba. Dónde estaba el fuego?

El fuego se había ido de París.

Había quedado una sonrisa clara
como una multitud de perlas tristes
y el aire dispersaba un ramo roto
de desvaríos y razonamientos.
Tal vez eso era todo:
humo y conversación. Se iba la noche
de los cafés y entraba el día
a trabajar como un gañán feroz,
a limpiar escaleras,
a barrer el amor y los suplicios.

Aún quedaban tangos en el suelo,
alfileres de iglesia colombiana,
anteojos y dientes japoneses,
tomates uruguayos,
algún cadáver flaco de chileno,

todo iba a ser barrido,
lavado por inmensas lavanderas,
todo terminaría para siempre:
exquisita ceniza para los ahogados
que ondulaban en forma incomprensible
en el olvido natural del Sena.

RANGOON 1927

En Rangoon era tarde para mí.
Todo lo habían hecho:
una ciudad
de sangre,
sueño y oro.
El río que bajaba
de la selva salvaje
a la ciudad caliente,
a las calles leprosas
en donde un hotel blanco para blancos
y una pagoda de oro para gente dorada
era cuanto
pasaba
y no pasaba.
Rangoon, gradas heridas
por los escupitajos
del betel,
las doncellas birmanas
apretando al desnudo
la seda
como si el fuego acompañase
con lenguas de amaranto
la danza, la suprema

danza:
el baile de los pies hacia el Mercado,
el ballet de las piernas por las calles.

Suprema luz que abrió sobre mi pelo
un globo cenital, entró en mis ojos
y recorrió en mis venas
los últimos rincones de mi cuerpo
hasta otorgarse la soberanía
de un amor desmedido y desterrado.

Fue así, la encontré cerca
de los buques de hierro
junto a las aguas sucias
de Martabán: miraba
buscando hombre:
ella también tenía
color duro de hierro,
su pelo era de hierro,
y el sol pegaba en ella como en una herradura.

Era mi amor que yo no conocía.

Yo me senté a su lado
sin mirarla
porque yo estaba solo
y no buscaba río ni crepúsculo,
no buscaba abanicos,
ni dinero ni luna,
sino mujer, quería
mujer para mis manos y mi pecho,
mujer para mi amor, para mi lecho,
mujer plateada, negra, puta o pura,
carnívora celeste, anaranjada,
no tenía importancia,
la quería para amarla y no amarla,
la quería para plato y cuchara,
la quería de cerca, tan de cerca

que pudiera morderle los dientes con mis besos,
la quería fragante a mujer sola,
la deseaba con olvido ardiente.

Ella tal vez quería
o no quería lo que yo quería,
pero allí en Martabán, junto al agua de hierro,
cuando llegó la noche, que allí sale del río,
como una red repleta de pescados inmensos,
yo y ella caminamos juntos a sumergirnos
en el placer amargo de los desesperados.

III

EL FUEGO CRUEL

LOS MÍOS

Yo dije: a ver la sangre!
Vengan a ver la sangre de la guerra!
Pero aquí era otra cosa.
No sonaban los tiros,
no escuché por la noche
un río de soldados
pasar
desembocando
hacia la muerte.
Era otra cosa aquí, en las cordilleras,
algo gris que mataba,
humo, polvo de minas o cemento,

un ejército oscuro
caminando
en un día sin banderas
y vi dónde vivía
el hacinado
envuelto por madera rota,
tierra podrida, latas oxidadas,
y dije "yo no aguanto"
dije "hasta aquí llegué en la soledad".
Hay que ver estos años desde entonces.
Tal vez cambió la piel de los países,
y se vio que el amor era posible.
Se vio que había que dar sin más remedio.
se hizo la luz y de un extremo a otro
de la aspereza
ardió la llama viva
que yo llevé en las manos.

LA PRIMAVERA URBANA

SE gastó el pavimento hasta no ser
sino una red de sucios agujeros
en que la lluvia acumuló sus lágrimas,
luego llegaba el sol como invasor
sobre el gastado piso
de la ciudad sin fin acribillada
de la que huyeron todos los caballos.
Por fin cayeron algunos limones
y algún vestigio rojo de naranjas
la emparentó con árboles y plumas,
le dio un susurro falso de arboleda
que no duraba mucho,

pero probaba que en alguna parte
se desnudaba entre los azahares
la primavera impúdica y plateada.

Era yo de aquel sitio? De la fría
contextura de muro contra muro?
Pertenecía mi alma a la cerveza?
Eso me preguntaron al salir
y al entrar en mí mismo, al acostarme,
eso me preguntaban las paredes,
la pintura, las moscas, los tapices
pisados tantas veces
por otros habitantes parecidos
a mí hasta confundirse:
tenían mi nariz y mis zapatos,
la misma ropa muerta de tristeza,
las mismas uñas pálidas, prolijas,
y un corazón abierto como un mueble
en que se acumularon los racimos,
los amores, los viajes y la arena,
es decir, todo lo que sucediendo
se va y se queda inexorablemente.

AMORES: JOSIE BLISS

Qué fue de la furiosa?
Fue la guerra
quemando
la ciudad dorada
la que la sumergió sin que jamás
ni la amenaza escrita,
ni la blasfemia eléctrica salieran

otra vez a buscarme, a perseguirme
como hace tantos días, allá lejos.
Como hace tantas horas
que una por una hicieron
el tiempo y el olvido
hasta por fin tal vez llamarse muerte,
muerte, mala palabra, tierra negra
en la que Josie Bliss
descansará iracunda.

Contaría agregando
a mis años ausentes
arruga tras arruga, que en su rostro
tal vez cayeron por dolores míos:
porque a través del mundo me esperaba.
Yo no llegué jamás, pero en las copas
vacías,
en el comedor muerto
tal vez se consumía mi silencio,
mis más lejanos pasos,
y ella tal vez hasta morir me vio
como detrás del agua,
como si yo nadara hecho de vidrio,
de torpes movimientos,
y no pudiera asirme
y me perdiera
cada día, en la pálida laguna
donde quedó prendida su mirada.
Hasta que ya cerró los ojos
cuándo?
hasta que tiempo y muerte la cubrieron
cuándo?
hasta que odio y amor se la llevaron
dónde?
hasta que ya la que me amó con furia,
con sangre, con venganza,
con jazmines,

no pudo continuar hablando sola,
mirando la laguna de mi ausencia.

Ahora tal vez
reposa y no reposa
en el gran cementerio de Rangoon.
O tal vez a la orilla
del Irrawadhy quemaron su cuerpo
toda una tarde, mientras
el río murmuraba
lo que llorando yo le hubiera dicho.

IV

EL CAZADOR DE RAÍCES

CITA DE INVIERNO

I

HE esperado este invierno como ningún invierno
se esperó por un hombre antes de mí,
todos tenían citas con la dicha:
solo yo te esperaba, oscura hora.
Es éste como los de antaño, con padre y madre, con
    fuego
de carbón y el relincho de un caballo en la calle?
Es este invierno como el del año futuro,
el de la inexistencia, con el frío total

y la naturaleza no sabe que nos fuimos?
No. Reclamé la soledad circundada
por un gran cinturón de pura lluvia
y aquí en mi propio océano me encontró con el viento
volando como un pájaro entre dos zonas de agua.
Todo estaba dispuesto para que llore el cielo.
El fecundo cielo de un solo suave párpado
dejó caer sus lágrimas como espadas glaciales
y se cerró como una habitación de hotel
el mundo: cielo, lluvia y espacio.

II

OH CENTRO, oh copa sin latitud ni término!
Oh corazón celeste del agua derramada!
Entre el aire y la arena baila y vive
un cuerpo destinado
a buscar su alimento transparente
mientras yo llego y entro con sombrero,
con cenicientas botas
gastadas por la sed de los caminos.
Nadie había llegado
para la solitaria ceremonia.
Me siento apenas solo
ahora que la pureza es perceptible.
Sé que no tengo fondo, como el pozo
que nos llenó de espanto cuando niños,
y que rodeado por la transparencia
y la palpitación de las agujas
hablo con el invierno,
con la dominación y el poderío
de su vago elemento,
con la extensión y la salpicadura
de su rosa tardía

hasta que pronto no había luz
y bajo el techo
de la casa oscura
yo seguiré sin que nadie responda
hablando con la tierra.

III

Quién no desea un alma dura?
Quién no se practicó en el alma un filo?
Cuando a poco de ver vimos el odio
y de empezar a andar nos tropezaron
y de querer amar nos desamaron
y sólo de tocar fuimos heridos,
quién no hizo algo por armar sus manos
y para subsistir hacerse duro
como el cuchillo, y devolver la herida?
El delicado pretendió aspereza,
el más tierno buscaba empuñadura,
el que sólo quería que lo amaran
con un tal vez, con la mitad de un beso,
pasó arrogante sin mirar a aquella
que lo esperaba abierta y desdichada:
no hubo nada que hacer: de calle en calle
se establecieron mercados de máscaras
y el mercader probaba a cada uno
un rostro de crepúsculo o de tigre,
de austero, de virtud, de antepasado,
hasta que terminó la luna llena
y en la noche sin luz fuimos iguales.

IV

Yo TUVE un rostro que perdí en la arena,
un pálido papel de pesaroso
y me costó cambiar la piel del alma
hasta llegar a ser el verdadero,
a conquistar este derecho triste:
esperar el invierno sin testigos.
Esperar una ola bajo el vuelo
del oxidado cormorán marino
en plena soledad restituida.
Esperar y encontrarme con un síntoma
de luz o luto
o nada:
lo que percibe apenas mi razón,
mi sinrazón, mi corazón, mis dudas.

V

AHORA ya tiene el agua tanto tiempo
que es nueva, el agua antigua se fugó
a romper su cristal en otra vida
y la arena tampoco recogió
el tiempo, es otro el mar y su camisa,
la identidad perdió el espejo
y crecimos cambiando de camino.

VI

INVIERNO, no me busques. He partido.
Estoy después, en lo que llega ahora

y desarrollará la lluvia fina,
las agujas sin fin, el matrimonio
del alma con los árboles mojados,
la ceniza del mar, el estallido
de una cápsula de oro en el follaje,
y mis ojos tardíos
sólo preocupados por la tierra.

VII

Sólo por tierra, viento, agua y arena
que me otorgaron claridad plenaria.

DE PRONTO UNA BALADA

Será verdad que otra vez ha golpeado
como aroma o temor, como extranjero
que no conoce bien calle ni casa.
Será verdad, tan tarde, y luego aún
la vida manifiesta una ruptura,
algo nace en el fondo de lo que era
ceniza
y el vaso tiembla con el nuevo vino
que cae y que lo enciende. Ay! será aquello
igual que ayer, camino sin señales,
y las estrellas arden con frescura
de jazmines entre tú y la noche,
ay! es algo que asume la alegría
atropelladamente rechazada

y que declara sin que nadie escuche
que no se rinde. Y sube una bandera
una vez más a las torres quemadas.
Oh amor, oh amor de pronto y de amenaza,
súbito, oscurecido, se estremece
la memoria y acude
el navío de plata,
el desembarcadero matutino:
niebla y espuma cubren las riberas,
cruza un grito espacial hacia las islas
y en plena puerta herida del Océano
la novia con su cola de azucenas
lista para partir. Mira sus trenzas:
son dos cascadas puras de carbones,
dos alas negras como golondrinas,
dos pesadas cadenas victoriosas.
Y ella como en la cita de esponsales
aguarda coronada por el mar
en el embarcadero imaginario.

V

SONATA CRÍTICA

ATENCIÓN AL MERCADO

A TENCIÓN al Mercado,
que es mi vida!

Atención al Mercado,
compañeros!

Cuidado con herir
a los pescados!
Ya a plena luna, entre las traiciones
de la red invisible, del anzuelo,
por mano de pescante pescador
fallecieron, creían
en la inmortalidad
y aquí los tienes
con escamas y vísceras, la plata con la sangre
en la balanza.

Cuidado con las aves!
No toques esas plumas
que anhelaron el vuelo,
el vuelo
que tú también, tu propio
pequeño corazón se proponía.
Ahora son sagradas:
pertenecen
al polvo de la muerte y al dinero:
en esta dura paz ferruginosa
se encontrarán de nuevo con tu vida
alguna vez, pero no vendrá nadie
a verte muerto, a pesar de tus virtudes,
no pondrán atención en tu esqueleto.

Atención al color de las naranjas,
al esencial aroma de la menta,
a la pobre patata en su envoltorio,
atención
a la verde
lechuga presurosa,
al afilado ají con su venganza,
a la testicularia berenjena,
al rábano escarlata, pero frío,
al apio que en la música se enrosca.

Cuidado con el queso!

No vino aquí sólo para venderse:
vino a mostrar el don de su materia,
su inocencia compacta,
el espesor materno
de su geología.

Cuidado cuando llegan las castañas,
enmaderadas lunas del estuche
que fabricó el otoño a la castaña,
a la flor de la harina que aprisiona
en cofres de caoba invulnerable.

Atención al cuchillo de Mercado
que no es el mismo de la ferretería:
antes estaba ahogado
como el pez, detenido en su paquete,
en la centena de igualdad tremenda:
aquí en la feria brilla y canta y corta,
vive otra vez en la salud del agua.

Pero si los frejoles
fueron bruñidos por la madre suave
y la naturaleza
los suavizó como a uñas de sus dedos,
luego los desgranó y a la abundancia
le dio multiplicada identidad.

Porque si las gallinas
de mano a mano cruzan y aletean
no es sólo cruel la petición humana
que en el degüello afirmará su ley,
también en los cepillos espinosos
se agruparán las zarzas vengativas
y como espinas picarán los clavos
buscando a quien pudieran coronar
con martirio execrable y religioso.

Pero ríe el tomate a todo labio.

Se abunda, se desmaya la delicia
de su carne gozosa
y la luz vertical entra a puñales
en la desnuda prole tomatera,
mientras la palidez de las manzanas
compite con el río de la aurora
de donde sale el día a su galope,
a su guerra, a su amor, a sus cucharas.

No olvido los embudos,
ellos son el olvido del guerrero,
son los cascos del vino,
siempre beligerante, ronco y rojo,
nunca por enemigos desarmado,
sin que olvide jamás el primer paso
que diera descendiendo
la pequeña montaña del embudo.
Aún recuerda el corazón purpúreo
el vino que baja del tonel
como desde un volcán el suave fuego.

El Mercado, en la calle,
en el Valparaíso serpentino,
se desarrolla como un cuerpo verde
que corre un solo día, resplandece,
y se traga la noche
el vegetal relámpago
de las mercaderías,
la torpe y limpia ropa
de los trabajadores,
los intrincados puestos
de incomprensibles hierros:
todo a la luz de un día:
todo en la rapidez desarrollado,
desgranado, vendido, transmitido
y desaparecido como el humo.
Parecían eternos los repollos,
sentados en el ruedo de su espuma

y las peludas balas
de las indecorosas zanahorias
defendían tal vez el absoluto.

Vino una vieja, un hombre pequeñito,
una muchacha loca con un perro,
un mecánico de la refinería,
la textil Micaela, Juan Ramírez,
y con innumerables Rafaeles,
con Marías y Pedros y Matildes,
con Franciscos, Armandos y Rosarios,
Ramones, Belarminos,
con los brazos del mar y con las olas,
con la crepitación, con el estímulo
y con el hambre de Valparaíso
no quedaron repollos ni merluzas:
todo se fue, se lo llevó el gentío,
todo fue boca a boca descendido
como si un gran tonel se derramara
y cayó en la garganta de la vida
a convertirse en sueño y movimiento.

Termino aquí, Mercado. Hasta mañana.
Me llevo esta lechuga.

LA VERDAD

Os amo, idealismo y realismo,
como agua y piedra
sois
partes del mundo,
luz y raíz del árbol de la vida.

No me cierren los ojos
aun después de muerto,
los necesitaré aún para aprender,
para mirar y comprender mi muerte.

Necesito mi boca
para cantar después, cuando no exista.
Y mi alma y mis manos y mi cuerpo
para seguirte amando, amada mía.

Sé que no puede ser, pero esto quise.

Amo lo que no tiene sino sueños.

Tengo un jardín de flores que no existen.

Soy decididamente triangular.

Aún echo de menos mis orejas,
pero las enrollé para dejarlas
en un puerto fluvial del interior
de la República de Malagueta.

No puedo más con la razón al hombro.

Quiero inventar el mar de cada día.

Vino una vez a verme
un gran pintor que pintaba soldados.
Todos eran heroicos y el buen hombre
los pintaba en el campo de batalla
muriéndose de gusto.

También pintaba vacas realistas
y eran tan extremadamente vacas
que uno se iba poniendo melancólico
y dispuesto a rumiar eternamente.

Execración y horror! Leí novelas
interminablemente bondadosas
y tantos versos sobre
el Primero de Mayo
que ahora escribo sólo sobre el 2 de ese mes.

Parece ser que el hombre
atropella el paisaje
y ya la carretera que antes tenía cielo
ahora nos agobia
con su empecinamiento comercial.

Así suele pasar con la belleza
como si no quisiéramos comprarla
y la empaquetan a su gusto y modo.

Hay que dejar que baile la belleza
con los galanes más inaceptables,
entre el día y la noche:
no la obliguemos a tomar la píldora
de la verdad como una medicina.

Y lo real? También, sin duda alguna,
pero que nos aumente,
que nos alargue, que nos haga fríos,
que nos redacte
tanto el orden del pan como el del alma.

A susurrar! ordeno
al bosque puro,
a que diga en secreto su secreto
y a la verdad: No te detengas tanto
que te endurezcas hasta la mentira.

No soy rector de nada, no dirijo,
y por eso atesoro
las equivocaciones de mi canto.

ARTE DE PÁJAROS

(1966)

JILGUERO

(Spinus Barbatus)

E NTRE los álamos pasó
un pequeño dios amarillo:
veloz viajaba con el viento
y dejó en la altura un temblor,
una flauta de piedra pura,
un hilo de agua vertical,
el violín de la primavera:
como una pluma en una ráfaga
pasó, pequeña criatura,
pulso del día, polvo, polen,
nada tal vez, pero temblando
quedó la luz, el día, el oro.

PICAFLOR

(Sephanoides II)

E L COLIBRÍ de siete luces,
el picaflor de siete flores,
busca un dedal donde vivir:
son desgraciados sus amores
sin una casa donde ir
lejos del mundo y de las flores.

Es ilegal su amor, señor,
vuelva otro día y a otra hora:
debe casarse el picaflor
para vivir con picaflora:
yo no le alquilo este dedal
para este tráfico ilegal.

El picaflor se fue por fin
con sus amores al jardín
y allí llegó un gato feroz
a devorarlos a los dos:
el picaflor de siete flores,
la picaflora de colores:
se los comió el gato infernal
pero su muerte fue legal.

TORDO

(Nutiopsar Curacus)

AL QUE me mire frente a frente
lo mataré con dos cuchillos,
con dos relámpagos de furia:
con dos helados ojos negros.

Yo no nací para cautivo.

Tengo un ejército salvaje,
una milicia militante,
un batallón de balas negras:
no hay sementera que resista.

Vuelo, devoro, chillo y paso,
caigo y remonto con mil alas:

nada puede parar el brío,
el orden negro de mis plumas.

Tengo alma de palo quemado,
plumaje puro de carbón:
tengo el alma y el traje negros:
por eso bailo en el aire blanco.

Yo soy el negro Floridor.

EL TINTITRÁN

(Jorgesius Saniversus)

L LEGÓ a la orilla el tintitrán
y bebiendo en el agua larga
dejó caer su cola azul
hasta que cantó con el río,
cantó la cola con el agua.

Es transparente el tintitrán,
no se ve contra los cristales
y cuando vuela es invisible:
es una burbuja del viento,
es una fuga de hielo,
es un latido de cristal.

Pude ver en invierno blanco
en regiones desmanteladas
del Aysén, lejos y lloviendo,
una bandada migratoria
que volvía del Ventisquero.

Los tintitranes asustados

del furor ronco de la lluvia
golpearon su vuelo de hielo
contra la proa del navío.

Y se rompieron en astillas,
en pedazos de transparencia
que cuando cayeron al agua
silbaron como agua marina
desordenada por el viento.

EL PÁJARO YO

(Pablo Insulidae Nigra)

Me llamo pájaro Pablo,
ave de una sola pluma,
volador de sombra clara
y de claridad confusa,
las alas no se me ven,
los oídos me retumban
cuando paso entre los árboles
o debajo de las tumbas
cual un funesto paraguas
o como espada desnuda,
estirado como un arco
o redondo como una uva,
vuelo y vuelo sin saber,
herido en la noche oscura,
quiénes me van a esperar,
quiénes no quieren mi canto,
quiénes me quieren morir,
quiénes no saben que llego
y no vendrán a vencerme,
a sangrarme, a retorcerme

o a besar mi traje roto
por el silbido del viento.

Por eso vuelvo y me voy,
vuelo y no vuelo pero canto:
soy el pájaro furioso
de la tempestad tranquila.

UNA CASA
EN LA ARENA

(1966)

LA LLAVE

Pierdo la llave, el sombrero, la cabeza! La llave es la
del almacén de Raúl, en Temuco. Estaba afuera, inmensa, perdida, indicando a los indios el almacén "La
Llave". Cuando me vine al Norte se la pedí a Raúl, se
la arranqué, se la robé entre borrasca y ventolera. Me
la llevé a caballo hacia Loncoche. Desde allí la llave,
como una novia blanca, me acompañó en el tren nocturno.

Me he dado cuenta de que cuanto extravío en la
casa se lo ha llevado el mar. El mar se cuela de noche
por agujeros de cerraduras, por debajo y por encima
de puertas y ventanas.

Como de noche, en la oscuridad, el mar es amarillo,
yo sospeché sin comprobar su secreta invasión. Encon-
traba en el paragüero, o en las dulces orejas de María
Celeste gotas de mar metálico, átomos de su máscara
de oro. Porque el mar es seco de noche. Guardó su
dimensión, su poderío, su oleaje, pero se transformó
en una gran copa de aire sonoro, en un volumen inasible que se despojó de sus aguas. Por eso entra en mi
casa, a saber qué tengo y cuánto tengo. Entra de noche,
antes del alba: todo queda en la casa quieto y salobre,
los platos, los cuchillos, las cosas restregadas por su
salvaje contacto no perdieron nada, pero se asustaron
cuando el mar entró con todos sus ojos de gato amarillo.

Así perdí la llave, el sombrero, la cabeza.

Se los llevó el océano en su vaivén. Una nueva mañana las encuentro. Porque me las devuelve una ola
mensajera que deposita cosas perdidas a mi puerta.

261

Así, por arte de mar la mañana me ha devuelto la llave blanca de mi casa, mi sombrero enarenado, mi cabeza de náufrago.

EL MAR

El Océano Pacífico se salía del mapa. No había dónde ponerlo. Era tan grande, desordenado y azul que no cabía en ninguna parte. Por eso lo dejaron frente a mi ventana.

Los humanistas se preocuparon de los pequeños hombres que devoró en sus años:

No cuentan.

Ni aquel galeón cargado de cinamono y pimienta que lo perfumó en el naufragio.

No.

Ni la embarcación de los descubridores que rodó con sus hambrientos, frágil como una cuna desmantelada en el abismo.

No.

El hombre en el océano se disuelve como un ramo de sal. Y el agua no lo sabe.

EL MAR

El Mar del Sur! Adelante, descubridores! Balboas y Laperouses, Magallanes y Cookes, por aquí, caballeros, no tropezar en este arrecife, no enredarse en el sargazo, no jugar con la espuma! Hacia abajo! Hacia la plenitud del silencio! Conquistadores, por aquí! Y ahora basta!

Hay que morir!

EL MAR

Y siguen moviéndose la ola, el canto y el cuento, y la muerte!

El viejo océano descubrió a carcajadas a sus descubridores. Sostuvo sobre su movimiento maoríes inconstantes, fijianos que se devoraban, samoas comedores de nenúfares, locos de Rapa Nui que construían estatuas, inocentes de Tahití, astutos de las islas, y luego vizcaínos, portugueses, extremeños con espadas, castellanos con cruces, ingleses con talegas, andaluces con guitarra, holandeses errantes. Y qué?

EL MAR

El mar los descubrió sin mirarlos siquiera, con su contacto frío los derribó y los anotó al pasar en su libro de agua.

Siguió el océano con su sacudimiento y su sal, con el abismo. Nunca se llenó de muertos. Procreó en la gran abundancia del silencio. Allí la semilla no se entierra ni la cáscara se corrompe: el agua es esperma y ovario, revolución cristalina.

LA BARCAROLA

(1967)

SERENATA DE PARÍS

Hᴇʀᴍᴏsᴀ es la rue de la Huchette, pequeña como una
  granada
y opulenta en su pobre esplendor de vitrina harapienta:
allí entre los beatniks barbudos en este año del sesenta
  y cinco
tú y yo transmigrados de estrella vivimos felices y
  sordos.
Hace bien cuando lejos temblaba y llovía en la patria
descansar una vez en la vida cerrando la puerta al
  lamento,
soportar con la boca apretada el dolor de los tuyos que
  es tuyo
y enterrar la cabeza en la luz madurando el racimo del
  llanto.

París guarda en sus techos torcidos los ojos antiguos del
  tiempo
y en sus casas que apenas sostienen las vigas externas
hay sitio de alguna manera invisible para el caminante,
y nadie sabía que aquella ciudad te esperaba algún día
y apenas llegaste sin lengua y sin ganas supiste sin nadie
  que te lo dijera
que estaba tu pan en la panadería y tu cuerpo podía
  soñar en su orilla.

Ciudad vagabunda y amada, corona de todos los
  hombres,

diadema radiante, sargazo de rotiserías,
no hay un solo día en tu rostro, ni una hoja de otoño
     en tu copa:
eres nueva y renaces de guerra y basura, de besos y
     sangre,
como si en cada hora millones de adioses que parten
y de ojos que llegan te fueran fundando, asombrosa
y el pobre viajero asustado de pronto sonríe creyendo
     que lo reconoces,
y en tu indiferencia se siente esperado y amado
hasta que más tarde no sabe que su alma no es suya
y que tus costumbres de humo guiaban sus pasos
hasta que una vez en su espejo lo mira la muerte
y en su entierro París continúa caminando con pasos
     de niño,
con alas aéreas, con aguas del río y del tiempo que
     nunca envejecen.

SOLEDAD

Viajero, estoy solo en la rue de la Huchette. Es mañana.
Ni un solo vestigio de ayer se ha quedado pegado en
     los muros.
Se prepara pasado mañana en la noche ruidosa
que pasa enredada en la niebla que sube de las
     cabelleras.
Hay un vago silencio apoyado por una guitarra tardía.
Y comprendo que en esta minúscula callecita tortuosa
alguien toca a rebato el metal invisible
de una aguda campana que extiende en la noche su
     círculo
y en el mapa redondo bajando la vista descubro
caminos de hormiga que vienen surcando el otoño y
     los mares

y van deslizando figuras que caen del mapa de
   Australia,
que bajan de Suecia en los ferrocarriles de la
   madrugada desierta,
pequeños caminos de insecto que horadan el aire y la
   tierra
y que se desprendieron de España, de Escocia, del Golfo
   de México,
taladrando agujeros que tarde o temprano penetran la
   tierra
y aquí a medianoche destapa la noche su frío orificio
y asoma la frente de algún colombiano que amarra en
   el cinto
tu vieja pistola y la loca guitarra de los guerrilleros.

Tal vez Aragon junto a Elsa extendió el archipiélago
de sus sueños poblados por anchas sirenas que peinan
   la música
y sobre la rue de Varennes una estrella, la única del
   cielo vacío,
abre y cierra sus párpados de diamante y platino,
y más lejos el traje fragante de Francia se guarda en
   un arca
porque duermen las viñas y el vino en las cubas prepara
la salida del sol, profesor de francés en el cielo.

Hacia Menilmontant, en mis tiempos, hacia los
   acordeones
del milnovecientosveinte año acudíamos: era seria la
   cita
con el hampa de pucho en la boca y brutal camisera.
Yo bailé con Friné Lavatier, con Marise y con quién?
Ah con quién? Se me olvidan los nombres del baile
pero sigo bailando la "java" en la impura banlieue
y vivir era entonces tan fácil como el pan que se come
   en los trenes,
como andar en el campo silbando, festejado por la
   primavera.

266

VALLEJO

Más tarde en la calle Delambre con Vallejo bebiendo
   calvados
y cerveza en las copas inmensas de la calle Alegría,
porque entonces mi hermano tenía alegría en la copa
y alzábamos juntos la felicidad de un minuto que ardía
   en el aire
y que se apagaría en su muerte dejándome ciego.

CREVEL

O tal vez aquí debo recordar en el canto que canto
cuando bajo del tren en Burdeos y compro un periódico
y la línea más negra levanta un puñal y me hiere:
Crevel había muerto, decía la línea, en el horno de gas,
   su cabeza,
su cabeza dorada, rizada en el horno como el pan para
   un rito,
y yo que venía de España porque él me esperaba
allí en el andén de Burdeos leyendo el cuchillo
con que Francia acogía mi viaje en aquella estación, en
   el frío.

Pasa el tiempo y no pasa París, se te caen
los cabellos, las hojas al árbol, los soldados al odio,
y en la catedral los apóstoles relucen con la barba fresca,
con la barba fresca de fresa de Francia fragante.
Aunque la desventura galope a tu lado golpeando el
   tambor de la muerte
la rosa marchita te ofrece su copa de líquido impuro
y la muchedumbre de pétalos que arden sin rumbo en
   la noche
hasta que la rosa tomó con el tiempo entre los
   automóviles
su color de ceniza quemada por bocas y besos.

ISLA

Amor mío, en el Isla Saint-Louis se ha escondido el
otoño
como un oso de circo, sonámbulo, coronado por los
cascabeles
que caen del plátano, encima del río, llorando:
ha cruzado el crepúsculo el Puente del Arzobispado,
en puntillas, detrás de la iglesia que muestra sus graves
costillas,
y tú y yo regresamos de un día que no tuvo nada
sino este dolor y este amor dispersado en las calles,
el amor de París ataviado como una estación cenicienta,
el dolor de París con su cinta de llanto enrollada a su
insigne cintura
y esta noche, cerrando los ojos, guardaremos un día
como una moneda
que ya no se acepta en la tienda, que brilló y consumó
su tesoro:
tendidos, caídos al sueño, siguiendo el inmóvil camino,
con un día de más o de menos que agregó a tu vestuario
un fulgor de oro inútil que, sin duda, o tal vez, es la
vida.

CORONA DEL ARCHIPIÉLAGO PARA
RUBÉN AZÓCAR

Desde Chile llegó la noticia mal escrita por mano de
muerte:
el mejor de los míos, mi hermano Rubén está inmóvil
adentro de un nicho, en la tumba mezquina de los
ciudadanos.

Bienamada, en la hora del aire recoge una lágrima y
   llévala
a través del Atlántico negro a su ruda cabeza dormida:
no me traigas noticias: no puedo entender su agonía:
él debió terminar como un tronco quemado en la selva,
erguido en la ilustre armadura de su desarmada
   inocencia.

Nunca he visto otro árbol como éste, no he visto en el
   bosque
tal corteza gigante rayada y escrita por las cicatrices:
el rostro de Azócar, de piedra y de viento, de luz
   machacada,
y bajo la piel de la estatua de cuero y de pelo
la magnánima miel que ninguno posee en la tierra.

Tal vez en el fondo del África, en el mediodía
   compacto,
una flecha revela en el ave que cae volando la
   espléndida sal del zafiro,
o más bien el harpón ballenero saliendo sangriento de
   la bestia pura
tocó una presencia que allí preservaba el aroma del
   ámbar:
así fue en mi camino mi hermano que ahora llorando
   recubro
con la mínima pompa que no necesitan sus ojos
   dormidos.

Así fue por aquellos entonces felices y malbaratados
que yo descubrí la bondad en el hombre, porque él me
   enseñaba,
abriendo sonriendo, con cejas de árbol, el nido de abejas
   invictas
que andaba con él susurrando de noche y de día
y entonces, a mí que salía de la juventud envidiosa y
   suprema,

tocándose el pecho cubierto por su abandonada
   chaqueta,
me dio a conocer la bondad, y probé la bondad, y hasta
   ahora
no he podido cambiar la medida del hombre en mi
   canto:
nunca más aprendí sino aquello que aprendí de mi
   hermano en las islas.

Él paseaba en Boroa, en Temuco con un charlatán
   sinalefo,
con un pobre ladrón de gallinas vestido de negro
que estafaba, servil y silvestre, a los dueños de fundo:
era un perro averiado y roído por la enfermedad
   literaria
que, a cuento de Nietzsche y de Whitman, se disimulaba
   ladrando
y mi pobre Rubén antagónico soportaba al pedante
   inclemente
hasta que el charlatán lo dejó de rehén en el pobre
   hotelucho
sin plata y sin ropa, en honor de la literatura.

Mi hermano! Mi pobre león de las gredas amargas de
   Lota,
mineral, encendido como los fulgores del rayo en la
   noche de lluvia,
mi hermano, recuerdo tus ojos atónitos frente al
   desacato
y tu pura pureza empeñada por un espantajo
   vargasvilovante.
No he visto unos ojos tranquilos como en ti en ese
   instante tus ojos
al pesar el veneno del mundo y apartar con sombría
   entereza
el puñal del dolor, y seguir el camino del hombre.

Ay hermano, ay hermano de ciencia escondida, ay
    hermano de todo el invierno en las islas:
ay, hermano, comiendo contigo porotos con choclo
    recién separado
del marfil silencioso que educa el maíz en sus lanzas,
y luego los choros saliendo del mar archipiélago,
las ostras de Ancud, olorosas a mitología,
el vino de invierno bebido sin tregua en la lluvia
y tu corazón desgranándose sobre el territorio.

No es la vida la que hace a los hombres, es antes,
es antes: remoto es el peso del alma en la sangre:
los siglos azules, los sueños del bosque, los saurios
    perdidos
en la caravana, el terror vegetal del silencio,
se agregaron a ti antes de nada, tejieron con sombra y
    madera
el asombro del niño que te acompañó por la tierra.

Sé que en México huraño en un día desértico estuvo
tu cabeza agobiada, tu boca con hambre, tu risa hecha
    polvo.

Y no puedo olvidar que al cruzar el Perú te olvidaron
    en un calabozo.
Mientras de Panamá en la maraña de humedad y raíces,
tú, sabiendo que allí las serpientes tomaban el tórrido
    sol y mordían,
allí te tendiste a morir de regreso a las lianas, y entonces
un milagro salvó tu pellejo para nuestra alegría.

Ya se sabe que un día de Cuba, transformado en donoso
    doncel,
parodiaste con verso y donaire los exilios de aquel
    Caballero
que dejó a su galana Madama un recuerdo en un cofre
    oloroso,
y se sabe que cuando con flor en la mano tu gracia
    paseaba

271

por el equinoccio del cuento hilarante y patético,
Fidel con su barba y altura se quedó asombrado al
    oírte y mirarte
y luego abrazándote, con risa y delicia, bajó la cabeza,
porque entre batalla y batalla no hay laurel que cautive
    al guerrero
como tu generosa presencia regalando la magia y la
    miel,
adorable payaso, capitán del derroche, redentor de la
    sabiduría.

Si contara, si pudiera contar tus milagros, los cuentos
que colgaste en el cuello del mundo como un collar
    claro:
dispusiste de un ancho desván con navíos
y muñecas, muñecos que te obedecían apenas
se movían tus cejas pobladas por árboles negros.

Porque tú antes de ser, lo adivino, escogiste tu reino,
tu pequeña estatura, tu cabeza de rey araucano,
y de cuanto más noble y más firme encontraste en la
    nada
construiste tu cuerpo y tu sueño, pequeño monarca,
agregándole inútiles hebras que siguen brillando
con el oro enlutado de tu travesura grandiosa.

A veces mirándote el ceño con que vigilabas mis pasos,
temiendo por mí como el padre del padre del padre
    del hijo,
divisé en tu mirada una antigua tristeza
y habría tenido razón la tristeza en tus ojos antiguos:
los cercanos a ti no supieron venerar tu madera celeste
y a menudo pusieron espinas en tu cabellera
y con lanzas de hierro oxidado te clavaron en la
    desventura.

Pero aquella agua oscura que a la vez encontré en tu
    mirada

272

guardaba el silencio normal de la naturaleza
y si habían caído las hojas al fondo del pozo en
  tinieblas
no pudrieron las hojas difuntas la cisterna de donde
  surgía
tu solemne bondad florecida por un ramo indomable
de rosas.

Tengo el As! Tengo el Dos! Tengo el Tres!, cantarán y
  tal vez cantaremos:
cantarán. cantaremos al borde del vino de octubre:
cantaremos la inútil belleza del mundo sin que tú la
  veas,
sin que tú, compañero, respondas riendo y cantando,
cantando y llorando algún día en la nave o más bien a
  la orilla
del mar de las islas que amaste, marino sonoro:
cantarán, cantaremos, y el bosque del hombre perdido,
la bruma huaiteca, el alerce de' pecho implacable
te acompañarán, compañero, en tu canto invisible.

Tengo el As! Tengo el Dos! Tengo el Tres! Pero faltas,
  hermano!
Falta el rey que se fue para siempre con la risa y la
  rosa en la mano.

FULGOR Y MUERTE
DE JOAQUÍN MURIETA

(1967)

DIÁLOGO AMOROSO

Voz de
Murieta.   Todo lo que me has dado ya era mío
y a ti mi libre condición someto.
Soy un hombre sin pan ni poderío:
sólo tengo un cuchillo y mi esqueleto.

Crecí sin rumbo, fui mi propio dueño
y comienzo a saber que he sido tuyo
desde que comencé con este sueño:
antes no fui sino un montón de orgullo.

Voz de
Teresa.   Soy campesina de Coihueco arriba,
llegué a la nave para conocerte:
te entregaré mi vida mientras viva
y cuando muera te daré mi muerte.

Voz de
Murieta.   Tus brazos son como los alhelíes
de Carampangue y por tu boca huraña
me llama el avellano y los raulíes.
Tu pelo tiene olor a las montañas.

Acuéstate otra vez a mi costado
como agua del estero puro y frío
y dejarás mi pecho perfumado
a madera con sol y con rocío.

VOZ DE
TERESA.   Es verdad que el amor quema y separa?
          Es verdad que se apaga con un beso?

VOZ DE
MURIETA.   Preguntar al amor es cosa rara,
          es preguntar cerezas al cerezo.

          Yo conocí los trigos de Rancagua,
          viví como una higuera en Melipilla.
          Cuanto conozco lo aprendí del agua,
          del viento, de las cosas más sencillas.

          Por eso a ti, sin aprender la ciencia,
          te vi, te amé y te amo, bienamada.
          Tú has sido, amor, mi única impaciencia,
          antes de ti no quise tener nada.

          Ahora quiero el oro para el muro,
          que debe defender a tu belleza.
          Por ti será dorado y será duro
          mi corazón como una fortaleza.

VOZ DE
TERESA.   Sólo quiero el baluarte de tu altura
          y sólo quiero el oro de tu arado,
          sólo la protección de tu ternura:
          mi amor es un castillo delicado
          y mi alma tiene en ti sus armaduras:
          la resguarda tu amor enamorado.

VOZ DE
MURIETA.   Me gusta oír tu voz que corre pura
          como la voz del agua en movimiento
          y ahora sólo tú y la noche oscura.
          Dame un beso, mi amor, estoy contento.
          Beso mi tierra cuando a ti te beso.

VOZ DE
TERESA.   Volveremos a nuestra patria dura
           alguna vez.

VOZ DE
MURIETA.   El oro es el regreso.

*Silencio. En la oscuridad del barco sigue encendida la
ventana del camarote de Murieta. Surge una canción
en coro. Sólo se cantará una estrofa con estribillo. Coro
invisible. Es la misma canción masculina de la escena
anterior.*

> A California, señores,
> me voy, me voy,
> si se mejora mi suerte,
> ya sabes adónde estoy:
> si me topo con la muerte,
> chileno soy.
> A California, señores,
> me voy, me voy.

Silencio. Se apaga la luz de la ventana.

LAS MANOS DEL DÍA

(1968)

CERCA DE LOS CUCHILLOS

Es ésta el alma suave que esperaba
ésta es el alma que hoy, sin movimiento,
como si estuviera hecha de luna
sin aire, quieta en su bondad terrible.

Cuando caiga una piedra
como un puño
del cielo de la noche
en esta copa la recibiré:
en la luz rebosante
recibiré la oscuridad viajera,
la incertidumbre celeste.

No robaré sino este movimiento
de la hierba del cielo,
de la noche fértil:
sólo un golpe de fuego,
una caída.

Líbrame, tierra oscura, de mis llaves:
si pude abrir y refrenar
y volver a cerrar el cielo duro,
doy testimonio de que no fui nada,
de que no fui nadie,
de que no fui.

Solo esperé la estrella,
el dardo de la luna,
el rayo de piedra celeste,
esperé inmóvil en la sociedad
de la hierba que crece en primavera,
de la miel perezosa y peregrina:
esperé la esperanza,
y aquí estoy
convicto
de haber pactado con la tempestad,
de haber aceptado la ira,
de haber abierto el alma,
de haber oído entrar al asesino,
mientras yo conversaba con la noche.

Ahí viene otro, dijo ladrando el perro.
Y yo con mis ojos de frío,
con el luto plateado
que me dio el firmamento,
no vi el puñal ni el perro,
no escuché los ladridos.

Y aquí estoy cuando nacen las semillas
y se abren como labios:
todo es fresco y profundo.

Estoy muerto,
estoy asesinado:
estoy naciendo
con la primavera.

Aquí tengo una hoja,
una oreja, un susurro,
un pensamiento:
voy a vivir otra vez,
me duelen las raíces,
el pelo,

me sonríe la boca:
me levanto
porque ha salido el sol.

Porque ha salido el sol.

EL CORO

ERA en el ejercicio
del otoño extrapuro,
cuando se pudre el manto
del oxígeno,
vacila el mundo entre el agua y la sombra,
entre el oro y el río,
y si escucha, escondida, una campana
como un pez de bronce en la altura,
hay que hablar,
hay que dar el sonido,
no importa
que se equivoque el viento:
son años de humedad,
siglos de tierra muda,
hay que contar lo que pasó en otoño,
no hay nadie:
hiere tu patrimonio sigiloso,
tu campana amarilla,
levanta tu profundidad
al coro,
que suban tus raíces
al coro:
el olvido está lleno
de gérmenes que cantan
contigo:

un gran otoño llega
a tu país
en una ola de rosas quebradas:
alguien desenterró
todo este aroma:
es el olor del cuerpo de la tierra.

Vamos.

EL GOLPE

Tinta que me entretienes
gota a gota
y vas guardando el rastro
de mi razón y de mi sinrazón
como una larga cicatriz que apenas
se verá, cuando el cuerpo esté dormido
en el discurso de sus destrucciones.

Tal vez mejor hubiera
volcado en una copa
toda tu esencia, y haberla arrojado
en una sola página, manchándola
con una sola estrella verde
y que sólo esa mancha
hubiera sido todo
lo que escribí a lo largo de mi vida,
sin alfabeto ni interpretaciones:
un solo golpe oscuro
sin palabras.

LAS DOCE

Y me darán las mismas doce
que en la fábrica,
a mí,
invitado feliz
de las arenas,
agasajado por las siete espumas
del gran océano misericorde,
a mí
me darán las mismas doce,
las mismas campanadas
que al prisionero entre sus cuatro muros,
las mismas doce horas
que al asesino junto a su cuchillo,
las mismas
doce
son para mí y para el gangrenado
que ve subir su enfermedad azul
hasta la boca quemante?

Por qué no dan mis doce de sol puro y arena
a otros mucho mejores que yo mismo?

Por qué las doce del día feliz
no se reparten invitando a todos?
Y quién dispuso para mí esta alegría
cada vez más amarga?

ESTO ES SENCILLO

MUDA es la fuerza (me dicen los árboles)
y la profundidad (me dicen las raíces)

y la pureza (me dice la harina).
Ningún árbol me dijo:
"Soy más alto que todos".
Ninguna raíz me dijo:
"Yo vengo de más hondo".
Y nunca el pan ha dicho:
"No hay nada como el pan".

EL PASADO

No volverán aquellos anchos días
que sostuvieron, al pasar, la dicha.
Un rumor de fermentos
como sombrío vino en las bodegas
fue nuestra edad. Adiós,
adiós, resbalan
tantos adioses como las palomas
por el cielo, hacia el sur, hacia el silencio.

INVIERNO

Amigo de este invierno, y del de ayer,
o enemigo o guerrero:
Frío,
a pleno sol me toca
tu contacto
de arco nevado, de irritada espina.

Con estos dedos, sin embargo,
torpes, vagos
como si se movieran en el agua,
debo desarrollar este día de invierno
y llenarlo de adioses.

Cómo agarrar en el aire el penacho
con estos dedos fríos
de muerto en su cajón,
y con los pies inmóviles
cómo puedo correr detrás del pez
que a nado cruza el cielo
o entrar en el barbecho
recién quemado, con zapatos gruesos
y con la boca abierta?

Oh intemperie del frío, con el seco
vuelo de una perdiz de matorral
y con la pobre escarcha y sus estrellas
despedazadas entre los terrones.

EL ENFERMO TOMA EL SOL

Qué haces tú, casi muerto, si el nuevo
   día lunes
hilado por el sol, fragante a beso,
se cuelga de su cielo señalado
y se dedica a molestar tu crisis?

Tú ibas saliendo de tus intestinos,
de tus suposiciones lacerantes

en cuyo extremo el túnel
sin salida, la oscuridad con su final dictamen
te esperaba: el silencio
del corazón o de otra
víscera amenazada
te hundió en la certidumbre del adiós
y cerraste los ojos, entregado
al dolor, a su viento sucesivo.

Y hoy que desamarrado de la cama
ves tanta luz que no cabe en el aire
piensas que si, que si te hubieras muerto
no sólo no hubiera pasado nada
sino que nunca cupo tanta fiesta
como en el bello día de tu entierro.

LA BANDERA

Dale *un golpe de fuego a tu guitarra,*
levántala quemando:
es tu bandera.

COMIENDO EN HUNGRÍA

(1968)

LA COPA GRANDE

Yo levanto la copa grande, la copa de los siglos, la lleno con el sol de Hungría y bebo el vino resplandeciente. La lleno con Bikavér robusto y oscuro, con Riesling de Csengöd, con Kadarka de Kiskorös. La copa brilló al levantarla, contuvo el sabor soleado, la luz del día contuvo el vino oscuro y poderoso, el secreto de la noche estrellada. Bebamos el día con su fuego y la noche con su sangre. Bebamos los vinos de la llanura, ardientes e intensos, el Moscatel de la Arena de Oro, el Galo Azul de la Arena de Oro, el Hoja de Tilo de la Llanura, el Veltelini de Kiskunhalas.

Por el corredor de Europa pasaron guerras e invasores pero también condimentos y fragancias. Todo quedó en la cocina húngara mezclando en las ollas y en las calderas nómades el jengibre y la páprika, el eneldo y el ajo. Gloriosas constelaciones que pedían ríos de vino para consumirse. Y la tierra húngara, las manos húngaras plantaron y estimularon las vides hasta que entregaron a los lagares el dulce y violento corazón de la uva esteparia, el indomable juego del racimo montañoso. Kövidinkas y Szlankamenthas, Pinots Negros, Kadarkas de Pusztamérges, Szürkebaráts, Monjes Grises, Kéknjelu, Medocs de Villany, Tokays Furmit, Aszu, Szamorodni transparentes y sonrientes, dulces o airados, llamas de honor que alargan la vida como el vino de Somló, o acercan la canción y la dicha como todos ellos, porque todos ellos llenaron mi copa. Vinos que lloran o ríen acompasándote a tu alma, vinos con insignias antiguas, cubiertas de gloria o vinos sencillos de la pradera, vinos sin nombre. Vinos de mediodía y de crepúsculo, vinos que sólo cantan de noche, vinos que nacieron junto a las espigas de los segadores, vinos nuevos, recién salidos del orgullo de la cooperativa, vinos señoriales, de elegancia secular, vinos jóvenes, impetuosos y peligrosos, vinos para un minuto de tristeza, vinos para todos los sueños.

Levanto la copa llena con el fulgor de Hungría, y bebo en honor del sol y de la nieve, de la tristeza y de la dicha. Bebo por el amor y por el dolor. Bebo por el fuego y por la lluvia.

Bebo por la vida y por la vida.

SANGRE DE TORO

Robusto vino, tu familia ardiente
no llevaba diademas ni diamantes:
sangre y sudor pusieron en su frente
una rosa de púrpura fragante.

Se convirtió la rosa en toro urgente:
la sangre se hizo vino navegante
y el vino se hizo sangre diferente.
Bebamos esta rosa, caminante.

Vino de agricultura con abuelos,
de manos maltratadas y queridas,
toro con corazón de terciopelo.

Tu cornada mortal nos da la vida
y nos deja tendidos en el suelo
respirando y cantando por la herida.

286

AÚN

(1969)

ARAUCANÍA, ROSA MOJADA...

Araucanía, rosa mojada, diviso
adentro de mí mismo o en las provincias del agua
tus raíces, las copas de los desenterrados
con los alerces rotos, las araucarias muertas,
y tu nombre reluce en mis capítulos
como los peces pescados en el canasto amarillo!
Eres también patria plateada y hueles mal,
a rencor, a borrasca, a escalofrío.

Hoy que un día creció para ser ancho
como la tierra o más extenso aún,
cuando se abrió la luz mostrando el territorio
llegó tu lluvia y trajo en sus espadas
el retrato de ayer acribillado,
el amor de la tierra insoportable,
con aquellos caminos que me llevan
al Polo Sur, entre árboles quemados.

ERCILLA EL RAMIFICADO...

Ercilla el ramificado, el polvoroso,
el diamantino, el pobre caballero,
por estas aguas anduvo, navegó estos caminos,

y aunque les pareció petimetre a los buitres
y éstos lo devolvieron, como carta sobrante,
a España pedregosa y polvorienta,
él solamente solo nos descubrió a nosotros:
sólo este abundantísimo palomo
se enmarañó en nosotros hasta ahora
y nos dejó en su testamento
un duradero amor ensangrentado.

BUENO, PUES, LLEGARON OTROS

BUENO, pues, llegaron otros:
eximios, medidores, chilenos meditativos
que hicieron casas húmedas en que yo me crié
y levantaron la bandera chilena
en aquel frío para que se helara,
en aquel viento para que viviera,
en plena lluvia para que llorara.
Se llenó el mundo de carabineros,
aparecieron las ferreterías,
los paraguas
fueron las nuevas aves regionales:
mi padre me regaló una capa
desde su poncho invicto de Castilla
y hasta llegaron libros
a la Frontera como se llamó
aquel capítulo que yo no escribí
sino que me escribieron.

Los araucanos se volvieron raíz!
Les fueron quitando hojas
hasta que sólo fueron esqueleto
de raza, o árbol ya destituido,
y no fue tanto el sufrimiento antiguo

puesto que ellos pelearon como vertiginosos,
como piedras, como sacos, como ángeles,
sino que ahora ellos, los honorarios,
sintieron que el terreno les faltaba,
la tierra se les iba de los pies:
ya había reinado en Arauco la sangre:
llegó el reino del robo:
y los ladrones éramos nosotros.

FIN DE MUNDO

(1969)

LA PUERTA

Qué siglo permanente!
Preguntamos:
Cuándo caerá? Cuándo se irá de bruces
al compacto, al vacío?
A la revolución idolatrada?
O a la definitiva
mentira patriarcal?
Pero lo cierto
es que no lo vivimos
de tanto que queríamos vivirlo.

Siempre fue una agonía:
siempre estaba muriéndose:
amanecía con luz y en la tarde era sangre:
llovía en la mañana, por la tarde lloraba.

Los novios encontraron
que la torta nupcial tenía heridas
como una operación de apendicitis.

Subían hombres cósmicos
por una escala de fuego
y cuando ya tocábamos
los pies de la verdad
ésta se había marchado a otro planeta.

Y nos mirábamos unos a otros con odio:
los capitalistas más severos no sabían qué hacer:
se habían fatigado del dinero
porque el dinero estaba fatigado
y partían los aviones vacíos.
Aún no llegan los nuevos pasajeros.

Todos estábamos esperando
como en las estaciones en las noches de invierno:
esperábamos la paz
y llegaba la guerra.

Nadie quería decir nada: todos
tenían miedo de comprometerse:
de un hombre a otro se agravó la distancia
y se hicieron tan diferentes los idiomas
que terminaron por callarse todos
o por hablarse todos a la vez.

Sólo los perros siguieron ladrando
en la noche silvestre de las naciones pobres.
Y una mitad del siglo fue silencio:
la otra mitad los perros que ladraban
en la noche silvestre.

No se caía el diente amargo.
Siguió crucificándonos.

Nos abría una puerta, nos seguía
con una cola de cometa de oro,
nos cerraba una puerta, nos pegaba
en el vientre con una culata,
nos libertaba un preso y cuando
lo levantábamos sobre los hombros
se tragaba a un millón el calabozo,
otro millón salía desterrado,
luego un millón entraba por un horno
y se convertía en ceniza.

Yo estoy en la puerta partiendo
y recibiendo a los que llegan.

Cuando cayó la Bomba
(hombres, insectos, peces calcinados)
pensamos irnos con el atadito,
cambiar de astro y de raza.
Quisimos ser caballos, inocentes caballos.
Queríamos irnos de aquí.
Lejos de aquí, más lejos.

No sólo por el exterminio,
no sólo se trataba de morir
(fue el miedo nuestro pan de cada día)
sino que con dos pies ya no podíamos
caminar. Era grave
esta vergüenza
de ser hombres
iguales
al desintegrador y al calcinado.

Y otra vez, otra vez.
Hasta cuándo otra vez?

Ya parecía limpia la aurora
con tanto olvido con que la limpiamos
cuando matando aquí matando allá,
continuaron absortos
los países
fabricando amenazas y guardándolas
en el almacén de la muerte.

Sí, se ha resuelto, gracias:
nos queda la esperanza.

Por eso, en la puerta, espero
a los que llegan a este fin de fiesta:
a este fin de mundo.

Entro con ellos pase lo que pase.

Me voy con los que parten
y regreso.

Mi deber es vivir, morir, vivir.

EL CULTO

AY QUÉ pasión la que cantaba
entre la sangre y la esperanza:
el mundo quería nacer
después de morir tantas veces:
los ojos no tenían lágrimas
después de haber llorado tanto.

No había nada en las arterias,
todo se había desangrado
y sin embargo se arregló
otra vez el pecho del hombre.
Se levantaron las ciudades,
fueron al mar los marineros,
tuvieron niños las escuelas,
y los pájaros, en el bosque,
pusieron sus huevos fragantes
sobre los árboles quemados.

Pero fue duro renovar
la sonrisa de la esperanza:
se plantaba en algunos rostros
y se les caía a la calle
y en verdad pareció imposible
rellenar de nuevo la tierra
con tantos huecos que dejó
la dentellada del desastre.

Y cuando ya crecieron las flores,
las cinerarias del olvido,
un hombre volvió de Siberia
y recomenzó la desdicha.

Y si las manos de la guerra,
las terribles manos del odio
nos hundieron de no creer,
de no comprender la razón,
de no conocer la locura,
siempre fue ajena aquella culpa
y ahora sin comprender nada
y sin conocer la verdad
nos pegamos en las paredes
de los errores y dolores
que partían desde nosotros
y estos tormentos otra vez
se acumularon en mi alma.

LAS GUERRAS

VEN acá, sombrero caído,
zapato quemado, juguete,
o montón póstumo de anteojos,
o bien, hombre, mujer, ciudad,
levántense de la ceniza
hasta esta página cansada,
destituida por el llanto.

Ven, nieve negra, soledad
de la injusticia siberiana,
restos raídos del dolor,
cuando se perdieron los vínculos
y se abrumó sobre los justos
la noche sin explicaciones.

Muñeca del Asia quemada
por los aéreos asesinos,
presenta tus ojos vacíos
sin la cintura de la niña
que te abandonó cuando ardía
bajo los muros incendiados
o en la muerte del arrozal.

Objetos que quedaron solos
cerca de los asesinados
de aquel tiempo en que yo viví
avergonzado por la muerte
de los otros que no vivieron.

De ver la ropa tendida
a secar en el sol brillante
recuerdo las piernas que faltan,
los brazos que no las llenaron,
partes sexuales humilladas
y corazones demolidos.

Un siglo de zapaterías
llenó de zapatos el mundo
mientras cercenaban los pies
o por la nieve o por el fuego
o por el gas o por el hacha!

A veces me quedo agachado
de tanto que pesa en mi espalda
la repetición del castigo:
me costó aprender a morir
con cada muerte incomprensible
y llevar los remordimientos
del criminal innecesario:
porque después de la crueldad
y aun después de la venganza
no fuimos tal vez inocentes

puesto que seguimos viviendo
cuando mataban a los otros.

Tal vez les robamos la vida
a nuestros hermanos mejores.

MORIR

CÓMO apartarse de uno mismo
(sin desconocerse tampoco):
abrir los cajones vacíos,
depositar el movimiento,
el aire libre, el viento verde,
y no dejar a los demás
sino una elección en la sombra,
una mirada en ascensor
o algún retrato de ojos muertos?

De alguna manera oficial
hay que establecer una ausencia
sin que haya nada establecido,
para que la curiosidad
sienta una ráfaga en la cara
cuando destapen la oratoria
y hallen debajo de los pies
la llamarada del ausente.

SIEMPRE YO

YO QUE quería hablar del siglo
adentro de esta enredadera,
que es mi siempre libro naciente,

por todas partes me encontré
y se me escapaban los hechos.
Con buena fe que reconozco
abrí los cajones al viento,
los armarios, los cementerios,
los calendarios con sus meses
y por las grietas que se abrían
se me aparecía mi rostro.

Por más cansado que estuviera
de mi persona aceptable
volvía a hablar de mi persona
y lo que me parece peor
es que me pintaba a mí mismo
pintando un acontecimiento.

Qué idiota soy, dije mil veces
al practicar con maestría
las descripciones de mí mismo
como si no hubiera habido
nada mejor que mi cabeza,
nadie mejor que mis errores.

Quiero saber, hermanos míos,
dije en la Unión de pescadores,
si todos se aman como yo.
La verdad es —me contestaron—
que nosotros pescamos peces
y tú te pescas a ti mismo
y luego vuelves a pescarte
y a tirarte al mar otra vez.

CONDICIONES

Con tantas tristes negativas
me despedí de los espejos
y abandoné mi profesión:
quise ser ciego en una esquina
y cantar para todo el mundo
sin ver a nadie porque todos
se me parecían un poco.

Pero buscaba mientras tanto
cómo mirarme hacia detrás,
hacia donde estaba sin ojos
y era oscura mi condición.
No saqué nada con cantar
como un ciego del populacho:
mientras más amarga la calle
me parecía yo más dulce.

Condenado a quererme tanto
me hice un hipócrita exterior
ocultando el amor profundo
que me causaban mis defectos.
Y así sigo siendo feliz
sin que jamás se entere nadie
de mi enfermedad insondable:
de lo que sufrí por amarme
sin ser, tal vez, correspondido.

ANDUVE

Solo con árboles y olor
a sauce mojado, es aún
tiempo de lluvia en el transcurso,
en la intemperie de Linares.

Hay un cielo central: más tarde
un horizonte abierto y húmedo
que se despliega y se desgarra
limpiando la naturaleza:

mas acá voy, desventurado,
sin tierra, sin cielo, remoto,
entre los labios colosales
de la soledad superior
y la indiferencia terrestre.

Oh antigua lluvia, ven y sálvame
de esta congoja inamovible!

FUNDACIONES

Llegué tan temprano a este mundo
que escogí un país inconcluso
donde aún no se conocían
los noruegos ni los tomates:
las calles estaban vacías
como si ya se hubieran ido
los que aún no habían llegado,
y aprendí a leer en los libros
que nadie había escrito aún:
no habían fundado la tierra
donde yo me puse a nacer.

Cuando mi padre hizo su casa
comprendí que no comprendía
y había construido un árbol:
era su idea del confort.

Primero viví en la raíz,

luego en el follaje aprendí
poco a poco a volar más alto
en busca de aves y manzanas.
No sé cómo no tengo jaula,
ni voy vestido de plumero
cuando pasé toda mi infancia
paseándome de rama en rama.

Luego fundamos la ciudad
con exceso de callejuelas,
pero sin ningún habitante:
invitábamos a los zorros,
a los caballos, a las flores,
a los recuerdos ancestrales.

En vano en vano todo aquello:

no encontramos a nadie nunca
con quien jugar en una esquina.

Así fue de feliz mi infancia
que no se arregla todavía.

LA ESPADA ENCENDIDA

(1970)

LAS FIERAS

Se deseaban, se lograban, se destruían,
se ardían, se rompían, se caían de bruces
el uno dentro del otro, en una lucha a muerte,
se enmarañaban, se perseguían, se odiaban,
se buscaban, se destrozaban de amor,
volvían a temerse y a maldecirse y a amarse,
se negaban cerrando los ojos. Y los puños
de Rosía golpeaban el muro de la noche,
sin dormir, mientras Rhodo desde su almena cruel
vigilaba el peligro de las fieras despiertas
sabiendo que él llevaba el puma en su sangre,
y aullaba un león agónico en la noche sin sueño
de Rhodo, y la mañana le traía
a su novia desnuda, cubierta de rocío,
fresca de nieve como una paloma,
incierta aún entre el amor y el odio,
y allí los dos inciertos resplandecían de nuevo
mordiéndose y besándose y arrastrándose al lecho
en donde se quedaba desmayada la furia.

LA VIRGEN

Ella le dijo: Fui piedra de oro
de la ciudad de oro, fui madera
de la virginidad y fui rocío.

Fui la más escondida de la ciudad secreta,
fui la zorra selvática o la liebre relámpago.

Aquí estoy más inmóvil que el muro de metal
sostenida por una enredadera o amor,
levantada, arrastrada, combatida
por la ola que crece desde tus manos de hombre.

Cuando hacías el mundo me llamaste
a ser mujer, y acudí
con los nuevos sentidos que entonces me nacieron.

Yo no sabía que tenía sangre.

Y fui mujer desde que me tocaste
y me hiciste creer como si tú me hubieras
hecho nacer, porque de dónde
sino de ti salieron mis pestañas,
nacidas de tus ojos, y mis senos
de tus manos hambrientas, y mi cuerpo
que por primera vez se encendió hasta
    incendiarme?
Y mi voz no venía de tu boca?

No era yo el agua de tu propio silencio
que se iba llenando de hojas muertas del bosque?

No era yo ese fragmento de corteza que cae
del árbol y que pierde, condenado
a una unidad perdida, su solitario aroma?

Oh Rhodo, abrázame hasta consumirme,
bajo el follaje de los bosques oscuros!

Es tu amor como un trueno subterráneo
y ya no sé si comenzamos el mundo
o si vivimos el final del tiempo.

Bésame hasta el dolor y hasta morirme.

HABLA RHODO

Dɪᴄᴇ Rʜᴏᴅᴏ: "Tal vez somos dos árboles
encastillados a golpes de viento,
fortificados por la soledad.
Tal vez aquí debimos
crecer hacia la tierra,
sumergir el amor en el agua escondida,
buscar la última profundidad
hasta enterrarnos en mi beso oscuro.
Y que nos condujeran las raíces."

Pero esto fue para comienzo o fin?

Yo sé, amor mío, que tu eternidad
es mía, que hasta aquí alcanzamos
medidos, perseguidos y triunfantes,
pero se trata de nacer o morir?

Dónde puede llevarnos el amor
si esta gran soledad nos acechaba
para escondernos y para revelarnos?

Cuando ya nos fundimos y pasamos
a través del espejo
a lo más ancho del placer pasmoso,
cuando tú y yo debimos renunciar
a los reinos perdidos que nos amamantaron,
cuando ya descubrimos
que nos pertenecía esta aspereza
y que ya nos tenía destinados
la tierra, el agua, el cielo, el fuego,
y tú, la sola, la maldita mía,
la hija del oro muerto de la selva,
y yo, tu fundador desengañado,
yo el pobre diablo que imitaba a Dios,
cuando nos encontramos encendidos

por la centella amarga que nos quema,
fue para consumirnos,
para inventar de nuevo la muerte?

O somos inmortales
seres equivocados, dioses nuevos
que sobrevivirán desde la miel?

Nadie nos puede oír desde la tierra.

Todos se fueron, y esto era la dicha.

Ahora, qué haremos para reunir
la colmena, el ganado, la humanidad perdida,
y desde nuestra pobre pureza compartir
otro pan, otro fuego sin llanto,
con otros seres parecidos a nosotros,
los acosados, los desiertos, los fugitivos?

A quién desde hoy daremos nuestro sueño?
A dónde iremos a encontrarnos en otros?

Vinimos a vivir o a perecer?
De nuestro amor herido
debe soltar la vida un fulgor de fruto
o bajar a la muerte desde nuestras raíces?

DICEN Y VIVIRÁN

Dice Rosía: Rompimos la cadena.
Dice Rhodo: Me darás cien hijos.
Dice Rosía: Poblaré la luz.
Dice Rhodo: Te amo. Viviremos.

Dice Rosía: Sobre aquellas arenas
diviso sombras.
Dice Rhodo: Somos nosotros mismos.
Dice Rosía: Sí, nosotros, al fin.
Dice Rhodo: Al principio: nosotros.
Dice Rosía: Quiero vivir.
Dice Rhodo: Yo quiero comer.
Dice Rosía: Tú me diste la vida.
Dice Rhodo: Vamos a hacer el pan.
Dice Rosía: Desde toda la muerte
llegamos al comienzo de la vida.
Dice Rhodo: No te han visto?
Dice Rosía: Estoy desnuda. Tengo frío.
Dice Rhodo: Déjame el hacha.
Traeré la leña.
Dice Rosía: Sobre esta piedra esperaré
para encender el fuego.

LAS PIEDRAS DEL CIELO

(1970)

OH ACTITUD SUMERGIDA

OH ACTITUD sumergida
en la materia,
opaco muro que resguarda
la torre de zafiro,
cáscaras de las piedras
inherentes
a la firmeza y la docilidad,
al ardiente secreto
y a la piel permanente de la noche,
ojos adentro,
adentro
del escondido resplandor,
callados
como una profecía
que un golpe claro desenterraría.
Oh claridad radiante,
naranja de la luz petrificada,
íntegra fortaleza de la luz
clausurada en lentísimo silencio
hasta que un estallido
desentierre el fulgor de sus espadas.

UN LARGO DÍA SE CUBRIÓ DE AGUA

Un largo día se cubrió de agua,
de fuego, de humo, de silencio, de oro,
de plata, de ceniza, de transcurso,
y allí quedó esparcido el largo día:

cayó el árbol intacto y calcinado,
un siglo y otro siglo lo cubrieron
hasta que convertido en ancha piedra
cambió de eternidad y de follaje.

PERO NO ALCANZA LA LECCIÓN
AL HOMBRE

Pero no alcanza la lección al hombre:
la lección de la piedra:
se desploma y deshace su materia,
su palabra y su voz se desmenuzan.

El fuego, el agua, el árbol
se endurecen,
buscan muriendo un cuerpo mineral,
hallaron el camino del fulgor:
arde la piedra en su inmovilidad
como una nueva rosa endurecida.

Cae el alma del hombre al pudridero
con su envoltura frágil y circulan
en sus venas yacentes
los besos blandos y devoradores

que consumen y habitan
el triste torreón del destruido.

No lo preserva el tiempo que lo borra:
la tierra de unos años lo aniquila:
lo disemina su espacial colegio.

La piedra limpia ignora
el pasajero paso del gusano.

ALLÁ VOY, ALLÁ VOY, PIEDRAS, ESPEREN!

ALLÁ voy, allá voy, piedras, esperen!

Alguna vez o voz o tiempo
podemos estar juntos o ser juntos,
vivir, morir en ese gran silencio
de la dureza, madre del fulgor.

Alguna vez corriendo
por fuego de volcán o uva del río
o propaganda fiel de la frescura
o caminata inmóvil en la nieve
o polvo derribado en las provincias
de los desiertos, polvareda
de metales,
o aún más lejos, polar, patria de piedra,
zafiro helado,
antártica,
en este punto o puerto o parto o muerte
piedra seremos, noche sin banderas,

amor inmóvil, fulgor infinito,
luz de la eternidad, fuego enterrado,
orgullo condenado a su energía,
única estrella que nos pertenece.

LA CANCIÓN DE LA FIESTA

Hoy que la tierra madura se cimbra
en un temblor polvoroso y violento,
van nuestras jóvenes almas henchidas
como las velas de un barco en el viento.

Por el alegre cantar de la fuente
que en cada boca de joven asoma:
por la ola rubia de luz que se mueve
en el frutal corazón de la poma,

tiemble y estalle la fiesta nocturna
y que la arrastren triunfantes cuadrigas
en su carroza, divina y desnuda,
con su amarilla corona de espigas.

La juventud con su lámpara clara
puede alumbrar los más duros destinos,
aunque en la noche crepiten sus llamas
su lumbre de oro fecunda el camino.

Tiemble y estalle la fiesta. La risa
crispe las bocas de rosa y de seda
y nuestra voz dulcifique la vida
como el olor de una astral rosaleda.

Hombres de risa vibrante y sonora,
son los que traen la fiesta en los brazos,

son los que llenan la ruta de rosas
para que sean más suaves sus pasos.

Y una canción que estremece la tierra
se alza cantando otra vida mejor
en que se miren el hombre y la estrella
como se miran el ave y la flor.

Se harán agudas las piedras al paso
de nuestros blancos y rubios efebos
que seguirán con los ojos en alto
volcando siembras y cánticos nuevos.

Tiemble y estalle la fiesta. Que el goce
sea un racimo de bayas eximias
que se desgrane en las bocas más nobles
y que fecunde otras bellas vendimias.

(Santiago, ediciones *Juventud*, 1921).

UN HOMBRE ANDA BAJO LA LUNA

P<small>ENA</small> de mala fortuna
que cae en mi alma y la llena.
Pena.
Luna.

Calles blancas, calles blancas...
...Siempre ha de haber luna cuando
por ver si la pena arranca
ando
y ando...

Recuerdo el rincón oscuro
en que lloraba en mi infancia
—los líquenes en los muros
—las risas a la distancia.

...Sombra... silencio... una voz
que se perdía...
La lluvia en el techo. Atroz
lluvia que siempre caía...
y mi llanto, húmeda voz
que se perdía.

...Se llama y nadie responde,
se anda por seguir andando...
Andar... Andar... Hacia dónde?
Y hasta cuándo?...
Nadie responde
y se sigue andando.

Amor perdido y hallado
y otra vez la vida trunca.
Lo que siempre se ha buscado
no debiera hallarse nunca!

Uno se cansa de amar...
Uno vive y se ha de ir...
Soñar... Para qué soñar?
Vivir... Para qué vivir?

...Siempre ha de haber calles blancas
cuando por la tierra grande
por ver si la pena arranca
ande
y ande...

...Ande en noches sin fortuna
bajo el vellón de la luna,
como las almas en pena...

Pena de mala fortuna
que cae en mi alma y la llena.
Pena.
Luna.

(Revista *Claridad*, edición del 29 de
abril de 1922).

SOBRE UNA POESÍA SIN PUREZA

Es muy conveniente, en ciertas horas del día o de la
noche, observar profundamente los objetos en descanso:
Las ruedas que han recorrido largas, polvorientas distancias, soportando grandes cargas vegetales o minerales, los sacos de las carbonerías, los barriles, las cestas,
los mangos y asas de los instrumentos del carpintero.
De ellos se desprende el contacto del hombre y de la
tierra como una lección para el torturado poeta lírico.
Las superficies usadas, el gasto que las manos han infli-
gido a las cosas, la atmósfera a menudo trágica y siempre patética de estos objetos, infunde una especie de
atracción no despreciable hacia la realidad del mundo.

La confusa impureza de los seres humanos se percibe
en ellos, la agrupación, uso y desuso de los materiales,
las huellas del pie y de los dedos, la constancia de una
atmósfera humana inundando las cosas desde lo interno
y lo externo.

Así sea la poesía que buscamos, gastada como por
un ácido por los deberes de la mano, penetrada por el
sudor y el humo, oliente a orina y a azucena salpicada
por las diversas profesiones que se ejercen dentro y
fuera de la ley.

Una poesía impura como un traje, como un cuerpo,

con manchas de nutrición, y actitudes vergonzosas, con arrugas, observaciones, sueños, vigilia, profecías, declaraciones de amor y de odio, bestias, sacudidas, idilios, creencias políticas, negaciones, dudas, afirmaciones, impuestos.

La sagrada ley del madrigal y los decretos del tacto, olfato, gusto, vista, oído, el deseo de justicia, el deseo sexual, el ruido del océano, sin excluir deliberadamente nada, sin aceptar deliberadamente nada, la entrada en la profundidad de las cosas en un acto de arrebatado amor, y el producto poesía manchado de palomas digitales, con huellas de dientes y hielo, roído tal vez levemente por el sudor y el uso. Hasta alcanzar esa dulce superficie del instrumento tocado sin descanso, esa suavidad durísima de la madera manejada, del orgulloso hierro. La flor, el trigo, el agua tienen también esa consistencia especial, ese recurso de un magnífico tacto.

Y no olvidemos nunca la melancolía, el gastado sentimentalismo, perfectos frutos impuros de maravillosa calidad olvidada, dejados atrás por el frenético libresco: la luz de la luna, el cisne en el anochecer, "corazón mío" son sin duda lo poético elemental e imprescindible. Quien huye del mal gusto cae en el hielo.

(Revista *Caballo Verde para la Poesía*, Madrid, núm. 1, 1935).

LA COPA DE SANGRE

Cuando remotamente regreso y en el extraordinario azar de los trenes, como los antepasados sobre las cabalgaduras, me quedo sobredormido y enredado en mis exclusivas propiedades, veo a través de lo negro de los años, cruzándolo todo como una enredadera nevada, un patriótico sentimiento, un bárbaro viento tricolor en mi investidura: pertenezco a un pedazo de pobre tierra austral hacia la Araucanía, han venido mis actos desde los más distantes relojes, como si aquella tierra boscosa y perpetuamente en lluvia tuviera un secreto mío que no conozco, que no conozco y que debo saber, y que busco, perdidamente, ciegamente, examinando largos ríos, vegetaciones inconcebibles, montones de madera, mares del sur, hundiéndome en la botánica y en la lluvia, sin llegar a esa privilegiada espuma que las olas depositan y rompen, sin llegar a ese metro de tierra especial, sin tocar mi verdadera arena. Entonces, mientras el tren nocturno toca violentamente estaciones madereras o carboníferas como si en medio del mar de la noche se sacudiera contra los arrecifes, me siento disminuido y escolar, niño en el frío de la zona sur, con el colegio en los deslindes del pueblo, y contra el corazón los grandes, húmedos boscajes del sur del mundo. Entro en un patio, voy vestido de negro, tengo corbata de poeta, mis tíos están allí todos reunidos, son todos inmensos, debajo del árbol guitarras y cuchillos, cantos que rápidamente entrecorta el áspero vino. Y entonces abren la garganta de un cordero palpitante, y una copa abrasadora de sangre me llevan a la boca, entre disparos y cantos, y me siento agonizar como el cordero, y quiero llegar también a ser centauro, y pálido, indeciso, perdido en medio de la desierta infancia, levanto y bebo la copa de sangre.

Hace poco murió mi padre, acontecimiento estrictamente laico, y sin embargo algo religiosamente funeral ha sucedido en su tumba, y éste es el momento de revelarlo. Algunas semanas después mi madre, según el diario y temible lenguaje, fallecía también, y para que descansaran juntos trasladamos de nicho al caballero muerto. Fuimos a mediodía con mi hermano y algunos de los ferroviarios amigos del difunto, hicimos abrir el nicho ya sellado y cimentado, y sacamos la urna, pero ya llena de hongos, y sobre ella una palma con flores negras y extinguidas: la humedad de la zona había partido el ataúd y al bajarlo de su sitio, ya sin creer lo que veía, vimos bajar de él cantidades de agua, cantidades como interminables litros que caían de adentro de él, de su substancia.

Pero todo se explica: esta agua trágica era lluvia, lluvia tal vez de un solo día, de una sola hora tal vez de nuestro austral invierno, y esta lluvia había atravesado techos y balaustradas, ladrillos y otros materiales y otros muertos hasta llegar a la tumba de mi deudo. Ahora bien, esta agua terrible, esta agua salida de un imposible insondable, extraordinario escondite, para mostrarme a mí su torrencial secreto, esta agua original y temible me advertía otra vez con su misterioso derrame mi conexión interminable con una determinada vida, región y muerte.

(Texto escrito en 1938 y publicado por primera vez en: Pablo Neruda, *Selección:* Santiago, Nascimento, 1943).

SALITRE

Salitre, harina de la luna llena,
cereal de la pampa calcinada,
espuma de las ásperas arenas,
jazminero de flores enterradas.

Polvo de estrella hundida en tierra oscura,
nieve de soledades abrasadas,
cuchillo de nevada empuñadura,
rosa blanca de sangre salpicada.

Junto a tu nívea luz de estalactita,
duelo, viento y dolor, el hombre habita:
harapo y soledad son su medalla.

Hermanos de las tierras desoladas:
aquí tenéis como un montón de espadas
mi corazón dispuesto a la batalla.

(Diario *El Siglo,* Santiago, 27 de diciembre de 1946).

OCEANOGRAFÍA DISPERSA

Yo soy un *amateur* del mar, y desde hace años colec-
ciono conocimientos que no me sirven de mucho porque
navego sobre la tierra.

Ahora regreso a Chile, a mi país oceánico, y mi barco
se acerca a las costas de África. Ya pasó las antiguas
columnas de Hércules, hoy acorazadas, servidores del
penúltimo imperialismo.

Miro el mar con el mayor desinterés, el del oceanó-
grafo puro, que conoce la superficie y la profundidad,
sin placer literario, sino con un saboreo conocedor, de
paladar cetáceo.

A mí siempre me gustaron los relatos marinos y tengo
mi red en la estantería, pero el libro que más consulto
es alguno de Williams Beebe o una buena monografía
descriptiva de las volutas marinas del mar antártico.

Es el Plankton el que me interesa, esa agua nutricia,
molecular y electrizada que tiñe los mares con un color
de relámpago violeta. Así he llegado a saber que las
ballenas se nutren casi exclusivamente de este innumerable crecimiento marino. Pequeñísimas plantas e infu-

sorios irreales pueblan este tembloroso continente. Las ballenas abren, mientras se desplazan, sus inmensas bocas levantando la lengua hasta el paladar, de modo que estas aguas vivas y viscorales las van llenando y nutriendo.

Así se alimenta la ballena glauca *(Bachianetas glaucus)* que pasa hacia el sur del Pacífico y hacia las islas calurosas por frente a las ventanas de mi Isla Negra.

Por allí también pasa la ruta migratoria del cachalote, o ballena dentada, la más chilena de las perseguidas, porque fueron los balleneros chilenos ilustrando el mundo folklórico del mar, con sus dientes, en los cuales, con manos rudas, grabaron a cuchillo corazones y flechas, pequeños monumentos de amor, retratos infantiles de sus veleros o de sus novias. Pero nuestros balleneros, los más audaces del hemisferio marino, no pasaron el estrecho y el Cabo de Hornos, el Antártico y sus cóleras, para desgranar la dentadura del amenazador cachalote, sino para arrebatarle su tesoro de grasa y lo que es más aún, la bolsita de ambar gris que sólo este monstruo esconde en su montaña abdominal.

Pero nada de los asombradores habitantes del Pacífico pasa ante mis ojos, sino el Atlántico férreo. Yo dejé atrás el último santuario azul del Mediterráneo, las grutas y los contornos marinos y submarinos de la Isla de Capri, en que las sirenas salían a peinarse sobre las peñas sus cabellos azules, porque el mar había teñido y empapado con su movimiento sus locas cabelleras.

En el acuario de Nápoles pude ver las moléculas eléctricas de los organismos primaverales, y sobre todo subir y bajar la medusa, hecha de vapor y de plata, agitándose en su danza dulce y solemne, circundada por dentro por el único cinturón eléctrico llevado hasta ahora por ninguna otra dama de las profundidades submarinas.

Hace muchos años en Madras, en la sombría India de mi juventud, visité su acuario maravilloso, y hasta ahora recuerdo los peces bruñidos, las murenas venenosas, los cardúmenes vestidos de incendio y arcoiris, y más aún, los pulpos extraordinariamente serios y medidos, metálicos como máquinas registradoras, con innumerables ojos, piernas, ventosas y conocimientos.

Del gran Pulpo que conocimos todos por primera vez en *Los trabajadores del mar*, de Víctor Hugo, pulpo también tentacular y polimorfo de la poesía, sólo llegué a ver, hace unos pocos días, un fragmento de brazo en el Museo de Historia Natural de Copenhague. Éste sí es el antiguo Kraken, terror de los mares antiguos, que agarraba a un velero y lo arrollaba cubriéndolo y enredándolo. El fragmento que yo vi conservado en alcohol indicaba que su longitud pasaba de treinta metros.

Pero lo que yo perseguí con constancia fue la huella o más bien el cuerpo del Narval.

De ser tan desconocido para mis amigos el gigantesco unicornio marino de los mares del norte llegué a sentirme exclusivo correo de los Narvales, y a creerme Narval yo mismo, por parte de la ignorancia ajena.

Existe el Narval?

Es posible que un animal del mar extraordinariamente pacífico que lleva en la frente una lanza de marfil de cuatro y cinco metros, estriada en toda su longitud al estilo salomónico, terminada en aguja, pueda pasar inadvertido para millones de seres, aun en su leyenda, aun en su maravilloso nombre?

De su nombre puedo decir —narwhla o narval— que es el más hermoso de los nombres submarinos, nombre de copa marina que canta, nombre de espolón de cristal.

Y por qué entonces nadie sabe su nombre?

Por qué no existen los Narval, la bella casa Narval, y aun Narval Ramírez o Narvala Carvajal?

Y así ha sido. El unicornio marino continuó en su misterio, en sus corrientes de sombra transmarina, con su larga espada de marfil sumergida en el océano ignoto.

En la Edad Media la cacería de todos los unicornios fue un deporte místico y estético. El unicornio terrestre quedó para siempre, deslumbrante, en las tapicerías, rodeado de damas alabastrinas y copetonas, aureolado en su majestad por todas las aves que trinan o fulguran.

En cuanto al Narval, los monarcas medioevales se enviaban, como regalo magnífico, algún fragmento de su cuerpo fabuloso, y de éste raspaban polvo que diluido en licores daba, oh eterno sueño del hombre, salud, juventud y potencia!

Vagando en Dinamarca, de donde vengo ahora, entré en una antigua tienda de historia natural, estos negocios desconocidos en nuestra América que para mí tienen toda la fascinación de la tierra. Allí arrinconados descubrí tres o cuatro cuernos de Narval. Los más grandes medían casi cinco metros. Largamente los blandí y acaricié.

El viejo propietario de la tienda me veía hacer lances ilusorios con la lanza de marfil en mis manos, contra los invisibles molinos del mar. Después los dejé cada uno en su rincón. Sólo pude comprarme uno pequeño. de narval recién nacido, de los que salen a explorar con su espolón inocente las frías aguas árticas.

Lo guardé en mi maleta, pero en mi pequeña pensión de Suiza frente al lago Leman, necesité ver y tocar el mágico tesoro del unicornio marino que me pertenecía. Y lo saqué de mi maleta.

Ahora no lo encuentro.

Lo habré dejado en la pensión de Vésenaz, en un cajón, habrá rodado a última hora bajo la cama? O verdaderamente habrá regresado en forma misteriosa y nocturna al círculo polar?

Miro las pequeñas olas de un nuevo día en el Atlántico.

El barco deja a cada costado de su proa una desgarradura blanca, azul y sulfúrica de aguas, espumas y abismos agitados.

Son las puertas del océano que tiemblan.

Por sobre ella, vuelan los diminutos peces voladores, de plata y transparencia.

320

Regreso del destierro.

Miro largamente las aguas. Sobre ellas navego hacia otras aguas: las olas atormentadas de mi patria.

El cielo de un largo día cubre todo el océano.

La noche llegará y con su sombra esconderá una vez más el gran palacio verde del misterio.

(Revista *Vistazo*, Santiago, 21 de septiembre de 1952).

ALGUNAS REFLEXIONES IMPROVISADAS SOBRE MIS TRABAJOS

Mi PRIMER libro *Crepusculario*, se asemeja mucho a algunos de mis libros de mayor madurez. Es, en parte, un diario de cuanto acontecía dentro y fuera de mí mismo, de cuanto llegaba a mi sensibilidad. Pero, nunca, *Crepusculario*, tomándolo como nacimiento de mi poesía, al igual que otros libros invisibles o poemas que no se publicaron, contuvo un propósito poético deliberado, un mensaje sustantivo original. Este mensaje vino después como un propósito que persiste bien o mal dentro de mi poesía. A ello me referiré en estas confesiones.

Apenas escrito *Crepusculario* quise ser un poeta que abarcara en su obra una unidad mayor. Quise ser, a mi manera, un poeta cíclico que pasara de la emoción o de la visión de un momento a una unidad más amplia. Mi primera tentativa en este sentido fue también mi primer fracaso.

Se trata de ese ciclo de poemas que tuvo muchos nombres y que, finalmente, quedó con el de *El hondero entusiasta*. Este libro, suscitado por una intensa pasión

321

amorosa, fue mi primera voluntad cíclica de poesía: la de englobar al hombre, la naturaleza, las pasiones y los acontecimientos mismos que allí se desarrollaban, en una sola unidad.

Escribí afiebrada y locamente aquellos poemas que consideraba profundamente míos. Creí también haber pasado del desorden a un planeamiento formal. Recuerdo que, desprendiéndome ya del tema amoroso y llegando a la abstracción, el primero de esos poemas, que da título al libro, lo escribí en una noche extraordinariamente quieta, en Temuco, en verano, en casa de mis padres. En esta casa yo ocupaba el segundo piso casi por entero. Frente a la ventana había un río y una catarata de estrellas que me parecían moverse. Yo escribí de una manera delirante aquel poema, llegando, tal vez, como en uno de los pocos momentos de mi vida, a sentirme totalmente poseído por una especie de embriaguez cósmica. Creí haber logrado uno de mis primeros propósitos.

Por aquellos tiempos había llegado a Santiago la poesía de un gran poeta uruguayo, Carlos Sabat Ercasty, poeta ahora injustamente olvidado. La persona que me habló y me comunicó un entusiasmo ferviente por la poesía de Sabat Ercasty fue mi gran amigo, el malogrado Joaquín Cifuentes Sepúlveda. Por este joven y generoso poeta, que guardaba una admiración perpetua hacia sus compañeros y una falta de egoísmo casi suicida que lo llevó, tal vez por aminorarse, a la destrucción y la muerte, conocí yo los poemas de Sabat Ercasty.

En este poeta vi yo realizada mi ambición de una poesía que englobara no sólo al hombre, sino a la naturaleza, a las fuerzas escondidas, una poesía epopéyica que se enfrentara con el gran misterio del universo y también con las posibilidades del hombre. Entré en correspondencia con él. Al mismo tiempo que yo proseguía y maduraba mi obra, leía con mucha atención las cartas que él generosamente dedicaba a un tan desconocido y joven poeta. Yo tenía tal vez 17 ó 18 años y aquella noche, después de haber escrito ese poema, decidí enviarle este fruto de mi trabajo en el que había puesto lo más original de lo esencial mío. Se lo mandé pidiéndole una opinión muy franca sobre él, a la vez que lo consultaba si le parecía hallar alguna influencia de Sabat Ercasty.

Yo pensé, y mi vanidad me perdió, que el poeta me lanzaría una ininterrumpida serie de elogios por lo que yo creía una verdadera obra maestra dentro de los límites de mi poesía. Recibí poco después, y sin que ello disminuyera mi entusiasmo por él, una noble carta de Sabat Ercasty en que me decía que había leído en ese poema una admirable poesía que lo había traspasado de emoción, pero que, hablándome con el alma y sin hipocresía alguna, hallaba que ese poema tenía "la influencia de Carlos Sabat Ercasty".

Mi inmensa vanidad recibió esta respuesta como una piedra cósmica, como una respuesta del cielo nocturno al que yo había lanzado mis piedras de hondero. Me quedé entonces, por primera vez, con un trabajo que no debía proseguir. Yo, tan joven, que me proponía escribir una larga obra con propósitos determinados o caóticos, pero que representara lo que siempre busqué, una extensa unidad, y aquel poema tembloroso, lleno de estrellas, que me parecía haberme dado la posesión de mi camino, recibía aquel juicio que me hundía en lo incomprensible, porque mi juventud no comprendía entonces, que no es la originalidad el camino, no es la búsqueda nerviosa de lo que puede distinguirlo a uno de los demás, sino la expresión hecha camino, encontrado a través, precisamente, de muchas influencias y de muchos aportes.

Pero esto es largo de conocer y aprender. El joven sale a la vida creyendo que es el corazón del mundo y que el corazón del mundo se va a expresar a través de él. Terminó allí mi ambición cíclica de una ancha poesía, cerré la puerta a una elocuencia desde ese mo-

mento para mí imposible de seguir, y reduje estilísticamente, de una manera deliberada, mi expresión.

El resultado fue mi libro *Veinte poemas de amor
y una canción desesperada.*

Sin embargo este libro no alcanzó, para mí, aún en
esos años de tan poco conocimiento, el secreto y ambicioso deseo de llegar a una poesía aglomerativa en que
todas las fuerzas del mundo se juntaran y se derribaran.
Era éste el conflicto que yo me reservaba.

Empecé una segunda tentativa frustrada y éste se
llamó verdaderamente *Tentativa*... En el título pre-
suntuoso de. este libro se puede ver cómo esta motiva-
ción vino a poseerme desde muy temprano. *Tentativa
del hombre infinito* fue un libro que no alcanzó a ser
lo que quería, no alcanzó a serlo por muchas razones
en que ya interviene la vida de todos los días. Sin embargo, dentro de su pequeñez y de su mínima expresión, aseguró más que otras obras mías el camino que
yo debía seguir. Yo he mirado siempre la *Tentativa
del hombre infinito* como uno de los verdaderos núcleos de mi poesía, porque trabajando en estos poemas, en aquellos lejanísimos años, fui adquiriendo una
conciencia que antes no tenía y si en alguna parte están medidas las expresiones, la claridad o el misterio,
es en este pequeño libro, extraordinariamente personal.

Curiosamente, en estos días, ha llegado a mis manos
el manuscrito de una obra crítica sobre mi poesía, muy
extensa, del eminente escritor uruguayo Emir Rodríguez Monegal. No se halla aún impresa y se me ha
enviado para que yo la vea. Entre las cosas que allí
aparecen he visto que a este libro mío, Jorge Elliott,
escritor chileno a quien conocemos y apreciamos, le
atribuye la influencia de *Altazor,* de Vicente Huidobro. No sabía que Jorge Elliott había expresado tal
error. No se trata aquí de defenderse de influencias
(ya he hablado de la de Sabat Ercasty), pero quiero
aprovechar este momento para decir que en ese tiempo
yo no sabía que existiera un libro llamado *Altazor,* ni

creo que este mismo estuviese escrito o publicado. No estoy seguro porque no tengo a mano los datos correspondientes, pero me parece que no. Yo conocía, sí, los poemas de Huidobro, los primeros excelentes poemas de *Horizon Carré*, de *Tour Eiffel*, de los *Poemas árticos*. Admiraba profundamente a Vicente Huidobro, y decir profundamente es decir poco. Posiblemente, ahora lo admiro más, pues en este tiempo su obra maravillosa se hallaba todavía en desarrollo. Pero el Huidobro que yo conocía y tanto admiraba era con el que menos contacto podía tener. Basta leer mi poema *Tentativa del hombre infinito,* o los anteriores, para establecer que, a pesar de la infinita destreza, del divino arte de juglar de la inteligencia y del juego intelectivo que yo admiraba en Vicente Huidobro, me era totalmente imposible seguirlo en ese terreno, debido a que toda mi condición, todo mi ser más profundo, mi tendencia y mi propia expresión, eran antípodas de esa misma destreza de Huidobro. *Tentativa del hombre infinito,* experiencia frustrada de un poema cíclico, muestra precisamente un desarrollo en la oscuridad, un aproximarse a las cosas con enorme dificultad para definirlas: todo lo contrario de la técnica y de la poesía de Vicente Huidobro que juega iluminando los más pequeños espacios. Y ese libro mío procede, como casi toda mi poesía, de la oscuridad del ser que va paso a paso encontrando obstáculos para elaborar con ellos su camino.

El largo tiempo de vida ilegal y difícil, provocada por acontecimientos políticos que turbaron y conmovieron profundamente a nuestro país, sirvió para que nuevamente volviera a mi antigua idea de un poema cíclico. Por entonces tenía ya escrito *Alturas de Macchu-Picchu.*

En la soledad y aislamiento en que vivía y asistido por el propósito de dar una gran unidad al mundo que yo quería expresar, escribí mi libro más ferviente y más vasto: el *Canto general.* Este libro fue la coronación de mi tentativa ambiciosa. Es extenso como un buen fragmento del tiempo y en él hay sombra y luz a la vez, porque yo me proponía que abarcara el espacio mayor en que se mueven, crean, trabajan y perecen las vidas y los pueblos.

No hablaré de la substancia íntima de este libro. Es materia de quienes lo comenten.

Aunque muchas técnicas, desde las antiguas del clasicismo, hasta los versos populares, fueron empleadas por mí en este *Canto*, quiero decir algunas palabras sobre uno de mis propósitos.

Se trata del prosaísmo que muchos me reprochan como si tal procedimiento manchara o empañara esta obra.

Este prosaísmo está íntimamente ligado a mi concepto de CRÓNICA. El poeta debe ser, parcialmente, el CRONISTA de su época. La crónica no debe ser quintaesenciada, ni refinada, ni cultivista. Debe ser pedregosa, polvorienta, lluviosa y cotidiana. Debe tener la huella miserable de los días inútiles y las execraciones y lamentaciones del hombre.

Mucho me ha sorprendido la no comprensión de estos simples propósitos que significan grandes cambios en mi obra, cambios que mucho me costaron. Comprendo que derivé siempre hacia la expresión más misteriosa y centrífuga de *Residencia en la tierra* o de *Tentativa*, y muy difícil fue para mí llegar al arrastrado prosaísmo de ciertos fragmentos del *Canto general*, que escribí porque sigo pensando que así debieron ser escritos. Porque así escribe el cronista.

Las uvas y el viento, que viene después, quiso ser un poema de contenido geográfico y político, fue también una tentativa en algún modo frustrada, pero no en su expresión verbal que algunas veces alcanza el intenso y espacioso tono que quiero para mis cantos. Su vastedad geográfica y su inevitable apasionamiento político lo hacen difícil de aceptar a muchos de mis lectores. Yo me sentí feliz escribiendo este libro.

Otra vez volvió a mí la tentación muy antigua de escribir un nuevo y extenso poema. Fue por una curiosa asociación de cosas. Hablo de las *Odas elementales*. Estas Odas, por una provocación exterior, se transformaron otra vez en ese elemento que yo ambicioné siempre: el de un poema de extensión y totalidad. La incitación provocativa vino de un periódico de Caracas, *El Nacional*, cuyo director, mi querido compañero Miguel Otero Silva, me propuso una colaboración semanal de poesía. Acepté, pidiendo que esta colaboración mía no se publicara en la página de Artes y Letras, en el Suplemento Literario, desgraciadamente ya desaparecido, de ese gran diario venezolano, sino que lo fuese en sus páginas de crónica. Así logré publicar una larga historia de este tiempo, de las cosas, de los oficios, de las gentes, de las frutas, de las flores, de la vida, de mi visión, de la lucha, en fin, de todo lo que podía englobar de nuevo en un vasto impulso cíclico mi creación. Concibo, pues, las *Odas elementales* como un solo libro al que me llevó otra vez la tentación de ese antiguo poema que empezó casi cuando comenzó a expresarse mi poesía.

Y ahora unas últimas palabras para explicar el nacimiento de mi último libro, *Memorial de Isla Negra*.

En esta obra he vuelto también, deliberadamente, a los comienzos sensoriales de mi poesía, a *Crepusculario*, es decir, a una poesía de la sensación de cada día. Aunque hay un hilo biográfico, no busqué en esta larga obra, que consta de cinco volúmenes, sino la expresión venturosa o sombría de cada día. Es verdad que está encadenado este libro como un relato que se dispersa y que vuelve a unirse, relato acosado por los acontecimientos de mi propia vida y por la naturaleza que continúa llamándome con todas sus innumerables voces.

Es todo cuanto por ahora, en la intimidad, podría decir de la elaboración de mis libros. No sé hasta qué punto podrá ser verdadero cuanto he dicho. Tal vez se trata sólo de mis propósitos o de mis inclinaciones. De todos modos, los ya explicados han sido algunos de los móviles fundamentales en mis trabajos. Y no sé si será pecar de jactancia decir, a los años que llevo, que no renuncio a seguir atesorando todas las cosas que yo haya visto o amado, todo lo que haya sentido, vivido, luchado, para seguir escribiendo el largo poema cíclico que aún no he terminado, porque lo terminará mi última palabra en el final instante de mi vida.

Improvisación para inaugurar el seminario de estudios sobre la obra de Pablo Neruda, realizado en la Biblioteca Nacional de Santiago del 7 de agosto al 3 de septiembre de 1964, con motivo del sexagésimo aniversario del poeta. (Publicado en revista *Mapocho*, tomo II, nº 3, de 1964).

APÉNDICE BIBLIOGRÁFICO

A. LOS LIBROS DE NERUDA

1. *Crepusculario.* Santiago, Ediciones Claridad, 1923.
2. *Veinte poemas y una canción desesperada.* Santiago, Nascimento, 1924.
3. *Tentativa del hombre infinito.* Santiago, Nascimento, 1926.
4. *El habitante y su esperanza.* Santiago, Nascimento, 1926.
5. *Anillos. Prosas de Pablo Neruda y Tomás Lago.* Santiago, Nascimento, 1926.
6. *El hondero entusiasta. 1923-1924.* Santiago, Empresa Letras, 1933.
7. *Residencia en la tierra. 1925-1931.* Santiago, Nascimento, 1933. *Residencia en la tierra. 1925-1935.* Madrid, Cruz y Raya, 1935. Dos volúmenes.
   Notable edición parcial: *Homenaje a Pablo Neruda de los poetas españoles. Tres cantos materiales.* Madrid, Plutarco, 1935.
8. *Tercera residencia. 1935-1945.* Buenos Aires, Losada, 1947. Ediciones parciales notables: i) *España en el corazón.* Santiago, Ercilla, 1937. ii) *España en el corazón.* Ejército del Este (España Republicana), Ediciones Literarias del Comisariado, 1938. iii) *Las furias y las penas.* Santiago, Nascimento, 1939. iv) *Un canto para Bolívar.* México, Imp. Universitaria, 1941.
9. *Canto general.* México, Talleres Gráficos de la Nación, 1950. *Canto general.* América, 1950 (edición clandestina del Partido Comunista de Chile).
   Ediciones parciales notables: i) *Canto general de Chile.* México, 1943. ii) *Alturas de Macchu Picchu.* Santiago, Ediciones Librería Neira, 1947. iii) *Dulce patria.* Santiago. Edit. del Pacífico, 1949.
10. *Los versos del capitán.* Nápoles, Imp .L'Arte Tipografica, 1952. *Los versos del capitán.* Buenos Aires, Losada, 1953. *Los versos del capitán.* Buenos Aires, Losada, 1963: primera edición autónoma con nombre de autor.
11. *Las uvas y el viento.* Santiago, Nascimento, 1954.

Edición parcial notable: *Cuándo de Chile*. Santiago, Austral, 1952.

12. *Odas elementales*. Buenos Aires, Losada, 1954.
13. *Viajes*. Santiago, Nascimento, 1955.
    Edición parcial notable: *Viajes*. Santiago, SECH, 1947.
14. *Nuevas odas elementales*. Buenos Aires, Losada, 1956.
    Edición parcial notable: *Oda a la tipografía*. Santiago, Nascimento, 1956.
15. *Tercer libro de las odas*. Buenos Aires, Losada, 1957.
    Edición parcial notable: *Dos odas elementales*. Totoral, Córdoba (Argentina), Imp. Decanini, 1956.
16. *Estravagario*. Buenos Aires, Losada, 1958.
17. *Navegaciones y regresos*. Buenos Aires, Losada, 1959.
18. *Cien sonetos de amor*. Santiago, edic. privada (Prensas de la Editorial Universitaria), 1959. *Cien sonetos de amor*. Buenos Aires, Losada, 1960.
19. *Canción de gesta*. La Habana, Imprenta Nacional de Cuba, 1960.
20. *Las piedras de Chile*. Buenos Aires, Losada, 1961.
21. *Cantos ceremoniales*. Buenos Aires, Losada, 1961.
    Ediciones parciales notables: i) *Oceana*. La Habana, Ediciones La Tertulia, 1960. ii) *La insepulta de Paita*. Buenos Aires, Losada, 1962.
22. *Plenos poderes*. Buenos Aires, Losada, 1962.
23. *Memorial de Isla Negra*. Buenos Aires, Losada, 1964. Cinco volúmenes: I, *Donde nace la lluvia*. II, *La luna en el laberinto*. III, *El fuego cruel*. IV, *El cazador de raíces*. V, *Sonata crítica*.
    Ediciones parciales notables: i) *Sumario. Libro donde nace*. Alpignano (Italia), Imp. de A. Tallone, 1963. ii) *Sumario*. Barcelona, Edit. AHR, 1969.
24. *Arte de pájaros*. Santiago, Ediciones de la Sociedad de Amigos del Arte Contemporáneo, 1966.
25. *Una casa en la arena*. Barcelona, Lumen, 1966.
26. *Fulgor y muerte de Joaquín Murieta*. Santiago, Zig-Zag, 1967.
27. *La barcarola*. Buenos Aires, Losada, 1967.
28. *Las manos del día*. Buenos Aires, Losada, 1968.
29. *Comiendo en Hungría*. Budapest, 1969.
30. *Aún*. Santiago, Nascimento, 1969.
31. *Fin de mundo*. Santiago, Sociedad de Arte Contemporáneo, 1969. *Fin de mundo*. Buenos Aires, Losada, 1969.

Edición parcial notable: *La rosa del herbolario.* Caracas, 1969.

32. *La espada encendida.* Buenos Aires, Losada, 1970.
33. *Las piedras del cielo.* Buenos Aires, Losada, 1970.

B. REFERENCIAS

a) *Bibliografías*

LOYOLA, HERNÁN. "'La obra de Pablo Neruda / Guía Bibliográfica". En: Pablo Neruda, *Obras completas.* Buenos Aires, Losada, 1968, tomo II, pp. 1313-1501.

ESCUDERO, ALFONSO. "Fuentes para el conocimiento de Pablo Neruda". En: Pablo Neruda, *Obras completas.* Buenos Aires, Losada, 1968, tomo II, pp. 1503-1598.

b) *Otras referencias básicas*

AGUIRRE, MARGARITA. *Genio y figura de Pablo Neruda.* Buenos Aires, EUDEBA, 1964.

AGUIRRE, MARGARITA. *Las vidas de Pablo Neruda.* Santiago, Zig-Zag, 1967.

ALAZRAKI, JAIME. *Poética y poesía de Pablo Neruda.* New York, Las Américas Publishing Co., 1965.

ALONSO, AMADO. *Poesía y estilo de Pablo Neruda.* Buenos Aires, Losada, 1940. 2ª edic. revisada: Sudamericana, 1951.

BELLINI, GIUSEPPE. *La poesia di Pablo Neruda da "Estravagario" a "Memorial de Isla Negra".* Padua, Liviana Editrice, 1966.

CONCHA, JAIME. "Interpretación de «Residencia en la Tierra»". *Mapocho,* Santiago, 2 (1963) : 5-39.

CONCHA, JAIME. "Proyección de «Crepusculario»". *Atenea,* Concepción, 408 (1965) : 188-210.

FINLAYSON, CLARENCE. "Paisaje en Pablo Neruda" y otros artículos. CF, *Antología.* Santiago, Edit. Andrés Bello, 1969.

LELLIS, MARIO J. DE. *Pablo Neruda.* Buenos Aires, La Mandrágora, 1957. 2ª edic.: 1959.

LOYOLA, HERNÁN. *Los modos de autorreferencia en la obra de Pablo Neruda.* Santiago, Ediciones Revista *Aurora,* 1964.

LOYOLA, HERNÁN. *Ser y morir en Pablo Neruda.* Santiago, Editorial Santiago, 1967.

MELIS, ANTONIO. *Neruda.* Florencia, Il Castoro (38) , 1970.

MONTES, HUGO. "Pablo Neruda". *La lírica chilena de hoy.* Santiago, Zig-Zag, 1967.

Rodríguez Monegal, Emir. *El viajero inmóvil. Introducción a Pablo Neruda.* Buenos Aires, Losada, 1966.

Salama, Roberto. *Para una crítica a Pablo Neruda.* Buenos Aires, Cartago, 1957.

Silva Castro, Raúl. *Pablo Neruda.* Santiago, Universitaria, 1964.

Varios. "Los 60 años de Pablo Neruda". *Aurora,* Santiago, 3-4 (1964). Número de homenaje.

Varios. "Pablo Neruda". *Adam International Review,* Londres, XVI, 180-181 (1948).

Varios. "La Biblioteca Nacional y Pablo Neruda". *Mapocho,* Santiago, 6 (1964).

Wright, James & Bly, Robert. "Refusing To Be Theocritus", en: Pablo Neruda, *Twenty Poems.* Madison (Minn.), The Sixties Press, 1967.

Sin publicar, hay varias tesis universitarias sobre Neruda. Entre otras, las de: Viviane Lerner (U. de Strasbourg), Hernán Loyola (U. de Chile), Luis Navarrete Orta (U. Central de Venezuela), Alain Sicard (U. de Poitiers), Bette Steinberg (U. de Columbia).

ÍNDICE

Biblioteca Clásica y Contemporánea
Volúmenes publicados

Biblioteca Clásica y Contemporánea
Volúmenes publicados

Biblioteca Clásica y Contemporánea
Volúmenes publicados

Biblioteca Clásica y Contemporánea
Volúmenes publicados

Biblioteca Clásica y Contemporánea
Volúmenes publicados

Biblioteca Clásica y Contemporánea
Volúmenes publicados

Biblioteca Clásica y Contemporánea
Volúmenes publicados

Biblioteca Clásica y Contemporánea
Volúmenes publicados

Biblioteca Clásica y Contemporánea
Volúmenes publicados